Liszt

李斯特

外国音乐欣赏丛书

关伯基/编著

人民音乐出版社·北京

目　录

名作欣赏

一、生平

Franz Liszt

弗朗茨·李斯特

(1811 年生于雷丁，1886 年卒于拜罗伊特)

弗朗茨·李斯特是匈牙利著名的钢琴家、作曲家，也是评论家和音乐活动家，是浪漫乐派大师之一。

莫扎特再世

李斯特 1811 年 10 月 22 日生于匈牙利西部的雷丁村，父亲是埃斯特哈齐公爵的庄园管家，会演奏多种乐器，是李斯特的音乐启蒙教师。公爵的先父曾拥有驰名欧洲的由海顿指挥的乐队。在这良好的音乐环境下，小李斯特的音乐才能很早就显露出来。他六岁能在钢琴上弹奏自己听过的曲调，九岁便登台演出，举行音乐会。家乡的人们对这个小神童产生希望，于是由几个贵族出头资助了一笔助学金，送他到“音乐名城”维也纳学习，从此他便离开了祖国。

在维也纳，他拜贝多芬的学生卡尔·车尔尼为师学钢琴，同时跟萨列里学习作曲理论。他在维也纳演出获得成功。尤其使他终生难忘的是贝多芬出席了他的演奏会，并给予他很高的评价："真是举世无双！你将给人们带来幸福。"从此，在李斯特的房间内终生都挂着贝多芬的画像。

十二岁时，李斯特接受车尔尼的建议，到当时欧洲的文艺中心——巴黎去上音乐学院，接受更完整的音乐教育。谁知，完全出乎意料，巴黎音乐学院的院长竟以不收外籍学生为理由，阻挠其入学。这一决定招致巴黎一些有识之士的不满，他们帮助李斯特找到了音乐理论家安东宁·雷哈和作曲家费迪南多·帕埃尔做教师。

1823 年，李斯特在巴黎演出后一举成名，引起轰动，人们称他为"小李茨"，被誉为"莫扎特再世"。之后，他在英国、瑞士演出，也获得声誉。但是，正当他成功之际，李斯特忽然感到身体疲乏、神经衰弱，对宗教甚感兴趣，甚至想醉心于宗教修行，不当钢琴家了。这使李斯特的父亲从成功的陶醉中惊醒过来，认识到长期的流动生活、经常的夜间工作和频繁的社交应酬，对体弱多病的李斯特来说，实在是负担太重了。于是，他立即推掉各种演出合同，带着孱弱的孩子到布洛涅海滩疗养。孩子逐渐恢复了健康，可是，一直为孩子操劳的父亲，却不幸染疾去世了。李斯特失去了爱父和自己事业的领路人，孤单地回到巴黎。从此，十六岁的李斯特便负担起全家生活的担子。

经风雨茁壮成长

由于前段的经历，李斯特回到巴黎后厌恶演出，便以教授钢琴为生。这时，他又一次受到了精神上的打击，这就是他和贵族小姐卡罗琳·德·圣-克里科的恋爱。由于卡罗琳的父亲——工商大臣的反对，他们的恋爱没有成功，卡罗琳嫁给了外省的一个伯爵。这次打击使李斯特病倒足有一年之久，外界有人还以为他已病逝了！

病后的李斯特为了寻求人生的真谛，便发奋读书。法国封建复辟时期流行的消极浪漫主义文学一度吸引了他。他认为夏多勃里昂的小说《勒内》是“不朽的典型”，他喜欢主人公“对现实的不满”“莫名的烦恼”“内心的激动”“隐秘的本能”；他赞赏拉马丁的悲歌“揭示了一颗恋爱着而又蒙受痛苦的心灵”。此时，宿命论和宗教神秘主义慢慢渗入李斯特的心灵，对他日后所走的曲折、复杂的道路有着很深的影响。

可是，社会的动荡迫使人们不得不关心现实：法国复辟王朝带来了经济危机，农业歉收、工人失业、农村一片饥馑，中产阶级的生活也受到威胁。当时，社会上出现各种政治思潮，宣扬空想社会主义的圣西门[①]学会就在这时成立了。李斯特参加这个学会的活动，读圣西门弟子巴扎尔的文章；和基督教社会主义者拉梅耐神父[②]结

---

① 圣西门（1760~1825）是19世纪法国伟大的空想社会主义者之一，出身贵族，晚年甚贫困。他同情1789年法国大革命，批判资本主义的剥削制度，幻想用空想社会主义代替资本主义。他死后，由他的弟子巴扎尔、安范丹继续宣传他的学说。

② 拉梅耐神父（1782~1854）信奉罗马天主教教义，却反对天主教教会。他主张人类平等，寻求政治自由与真正宗教信仰的一致，被教会逐出教门。

交。就这样，李斯特通过各种渠道去探求人生的奥秘。

1830 年 7 月 25 日，法国的复辟皇帝宣布解散众议院，此事就像在干柴堆里点燃了一把火，导致革命的爆发。自 7 月 27 日起，群众组织起义队伍，构筑街垒。起义者高唱《马赛曲》，高呼“打倒波旁！自由万岁！”的口号，打垮了保皇军队，攻占了杜伊勒里宫，升起了大革命时期的三色国旗，波旁王朝被推翻了。李斯特目睹“七月革命”的实况，为革命的胜利而兴高采烈。李斯特的母亲说：“大炮治好了他的病。”他满怀激情着手创作《革命交响曲》。从他写的创作大纲看，他选择了三首歌曲作为此部交响曲的主题：《马赛曲》《胡斯歌曲》①《上帝是我们的坚固堡垒》②，并以一首表现皇帝优裕生活的法国歌

① 胡斯是 15 世纪捷克反罗马天主教的宗教改革运动的领袖。

② 马丁·路德在 16 世纪领导了德国的反罗马天主教、创立新教的宗教改革运动。《上帝是我们的坚固堡垒》是这次宗教改革运动中流行的一首歌曲，被恩格斯称为“16 世纪的《马赛曲》”。

曲《亨利四世万岁》作为对立的主题。此外，在谱纸的页边上，他还写下了“愤怒”“激昂”“复仇”“恐怖”“自由”“战斗”等词语，说明他是力图去表现欧洲资产阶级革命的壮丽场面的。这部作品虽然没有最终完成，但却成为李斯特创作标题交响乐的第一次尝试。

七月革命后，金融大资产阶级上台，民众依然处于水深火热的境地。这时，李斯特创作了节奏有力、音调激昂的钢琴作品《里昂》。作品的副题上写着“为劳动而生或为战斗而死！”，这句话正是“里昂起义”——世界上第一次工人起义所提出的口号。这首曲子是最早出现的表现战斗的工人形象的专业钢琴作品。

七月革命后，浪漫主义文艺有了巨大发展。雨果、乔治·桑、海涅等作家及画家德拉克罗瓦在巴黎形成了一个浪漫主义的艺术流派。李斯特经常出入他们的文艺沙龙，受到了他们的艺术熏陶，从而扩大了自己的艺术视野。

在音乐方面，他敬慕当时的法国作曲家柏辽兹，非常赞赏其创作的《幻想交响曲》；同时，他又与波兰音乐家肖邦结交，互相汲取艺术营养；他还和德国作曲家、音乐评论家舒曼通信。他们之间的友谊，对浪漫派音乐的兴起有良好的促进作用。

促使李斯特在事业上取得突破的是对帕格尼尼的小提琴艺术的借鉴。这位意大利的著名小提琴家 1831 年在巴黎的演出曾引起轰动。李斯特对其高超的技巧、澎湃的热情，尤其是大胆的革新，佩服得五体投地。他如痴如醉地钻研帕格尼尼的作品。他先是成功地把帕格尼尼第二小提琴协奏曲的终曲主题改编成钢琴曲《钟》；后又经过几年的积累，根据帕格尼尼的《随想曲》，改编出一本《帕格尼尼练习曲》。这些乐曲都能突破钢琴演奏的陈规俗套，发展新的技巧，并扩大钢琴艺术的表现力。

当时，钢琴乐器的制作有很大的改革。李斯特的朋友、钢琴设计家塞巴斯蒂安·埃拉尔曾把自己设计的新钢琴送给李斯特，为他改革钢琴的演奏技术、充分发挥钢琴宽广的音域、演奏出更为丰富多样的音色、探索更新的指法，创造了有利条件。在他的努力下，沙龙式的钢琴演奏风格已经发展到大音乐会演奏厅的气势宏大的演奏风格。难怪舒曼的爱人——钢琴家克拉拉在听到他视奏舒曼的新作《狂欢节》和《幻想曲集》后，竟感动得流泪，说："他只视奏便得到我们费好大劲才达到的效果。……比起李斯特，别的大师显得多么渺小啊！"1836 年，在巴黎的一场音乐会上，当柏辽兹亲自指挥乐队演奏了自己创作的《幻想交响曲》后，李斯特接着上台用钢琴演奏了自己改编的这部交响曲的第四乐章，其效果比起乐队犹有独到之处，引起全场雷鸣般的掌声。这足以说明李斯特的演奏已达到何等成熟、完美之境界！

1835 年，李斯特旅居瑞士，在那里和玛丽·达古伯爵夫人结合。1837 年，李斯特和她同游意大利，饱览了文艺复兴时期的艺术珍品。后来，李斯特为了养活有三个孩子及自己母亲的六口之家，开始了旅行演奏的生活。直至 1848 年，近十年间，他的足迹踏遍了匈牙利、奥地利、德国、捷克、法国、英国、比利时、荷兰、丹麦、西班牙、葡萄牙、瑞士等国。从当时的许多报道和评论来看，在整个 19 世纪的器乐演奏史上，只有帕格尼尼的演奏可以同他媲美。他开创了钢琴独奏会的先例（过去的钢琴独奏往往只安排在综合音乐会中），并且首先运用了一些特有的技巧，如：准确的大跳；双手八度交错半音快速上下行（世称“李斯特八度”）；别致的拨奏；三度、六度滑音；高音区闪电般划过的音群；巧妙细致的踏板运用等。可贵的是，他那高超的技巧是为表现内容服务的。诗人海涅曾说过：“在这一年中，无数的钢琴演奏会上听到的一切钢琴家仅仅是钢琴家——玩弄着钢弦上的木头显示自己的本领而已，听李斯特就不同了，……对他说来，钢琴不知去向，揭示出来的是音乐。”正因如此，人们把李斯特称为“钢琴之王”。

一颗匈牙利人的心

李斯特赴欧洲的旅行演奏是从他的祖国匈牙利开始的，这并非偶然。1838 年，当他旅居意大利时，惊闻多瑙河泛滥，匈牙利灾情严重，这引起了他的乡思。他从内心发出呼喊：“啊！我遥远的祖国！祖国这个字的含义突然向我显露，使我不禁神往地回想过去，这个埋藏在我内心的天真的孩童时代的记忆：高耸的岩石下面流着急速的多瑙河，辽阔的草原上放牧着一群群宁静吃草的羊群，这壮丽的景色就是匈牙利！我也是这粗犷民族的儿子啊！可是我羞愧地低下了头，因为我把你忘了那么久。如今你痛苦地呼喊着把我召唤到你身旁，我一定要去帮助那人数众多的受难者！……”于是，李斯特立刻起程赶往维也纳，接连开了六场独奏音乐会，把全部收入汇回祖国赈济灾民。

1839年底，当李斯特踏入匈牙利的国土，开始旅行演出时，就被同胞们当作民族英雄看待。1839年12月23日，在布达佩斯王宫中为他举行了盛大的欢迎仪式，由三名贵族以国家名义为他穿上民族服装，配挂光荣刀，男声合唱队演唱著名诗人专门为他而写的颂歌："……你忠诚的灵魂召唤你回到故乡……弗朗茨，祖国为你感到骄傲！……"会后，二百名青年高举火把，奏着军乐，欢呼着把他护送回旅馆。这次回国，使李斯特深深感受到在异族压迫下的匈牙利人民那崇高的民族意识，也体会到祖国人民对自己深切的期望。从此，他立志为祖国、为本民族的音乐发展奉献毕生的精力。

他首先把匈牙利家喻户晓的《拉科齐进行曲》[①]改编为钢琴曲进行演出。在祖国每场演出奏到这首乐曲时，总是引起全场雷鸣般的掌声和呼喊声。之后他又改编了匈牙利民族作曲家艾凯尔[②]的新兴民族歌剧的序曲和咏叹调；创作了《匈牙狂飙进行曲》《匈牙利英雄进行曲》等充满了民族精神的作品。

1848 年 3 月 18 日，匈牙利爆发了反抗异族统治的起义。李斯特激动地写信给公爵夫人：“我的同胞刚刚采取的行动是那么果断、那么万众一心、那么匈牙利式，使人不能不对他们表示正式的同情。”在爱国热情的激励下，他一口气写下了《匈牙利 1848》，采用《拉科齐进行曲》的音调，情绪激昂热烈，并亲自在歌词中加上“拿出勇气、力量、联合起来！”等词句。这时，他还

① 拉科齐二世（1678~1735）是匈牙利东南部的一位亲王，曾领导 17 世纪至 18 世纪初匈牙利的全国起义。《拉科齐进行曲》流行于当时的起义军中，故此得名。

② 艾凯尔·费伦茨（1810~1893）是匈牙利民族歌剧创作的奠基者，一生主要从事歌剧创作、指挥等工作。

创作了《佩斯狂欢节》(后来改编为第九首《匈牙利狂想曲》),以表达他对祖国、人民的祝愿。

1849年,正当匈牙利解放战争的胜利指日可待时,垂败的奥地利统治者却联合"欧洲宪兵"沙皇俄国,大举镇压匈牙利的起义军,致使起义失败。"白色恐怖"笼罩整个匈牙利,革命将领一批批遭到屠杀,被屠杀者中也有李斯特的好友。消息传来,他悲愤万分,于是创作了钢琴曲《送葬曲》,副题写着"1849年10月",以表示对起义烈士的哀悼。全曲从描写报丧的钟声和骚动的群情开始,其中有送葬队伍的沉重的脚步声,有对牺牲者的战斗业绩的回忆、歌颂,以及生存者要继续斗争的决心,是一首悲壮的史诗。这首作品是难得的反映当时社会、思想性和艺术性兼优的专业作品,也是表现他的爱国主义精神最为鲜明的作品之一。

李斯特在艺术上的成就与国际声誉,使得三个国家都争认他为国民:由于他在巴黎长大,故法国人说他应属法国;由于他曾在魏玛工作过,故德国人说他应属德国；而李斯特却并不因为匈牙利当时是个落后的国家而嫌弃它。他说过，他自己是“从摇篮到坟墓，身心都属于匈牙利”。他还充满自豪感地宣称：“在所有活着的艺术家中，唯有我敢于自豪地以祖国为荣。”李斯特就这样把自己一生的事业和祖国不可分割地联系在一起。

事业的鼎盛时期

在李斯特旅行演出期间，他和达古夫人的感情逐渐破裂。1847年，他在俄国演出时，结识了年轻的公爵夫人卡罗琳·赛因-维特根斯坦，她与年老的丈夫久已分居。后李斯特与公爵夫人结合，便结束了长期的旅行演奏生活，定居于魏玛。

在旅行演奏期间，李斯特积累了极丰富的构思，定居以后，他便迫不及待地进行创作。他继续创作了不少钢琴作品，如两首钢琴协奏曲（降

E 大调与 A 大调）及《爱之梦》《安慰》等抒情小品，根据前作修订、扩充的《旅行岁月》（第一集：瑞士；第二集：意大利），都是这时期的重要作品。而 1854 年创作的《b 小调奏鸣曲》，更具有里程碑的意义。在这部作品中，李斯特把多年来社会生活的动荡、人生的悲欢离合给自己带来的千情万绪，通过严密的构思、新颖的形式，深刻而又概括地表现出来。这些钢琴作品，可以说是李斯特钢琴创作的高峰。

更值得注意的是这一时期李斯特在交响诗方面的创作。李斯特认为，交响乐经过百年的发展后，应该有所出新。他主张音乐要与文学等“姊妹”艺术结合起来。因此，他在吸收前人成果的基础上，首创了标题性单乐章交响诗这种形式。在魏玛定居期间，他一口气写了《塔索》等十二首交响诗，为交响音乐的创作开辟了新路。

在魏玛期间，他还开展了繁忙的音乐活动。他从事指挥工作达十年之久，除上演古典歌剧、交响乐外，还积极上演当时的新作。为了宣传新的作品，他还进行评论工作，发表了不少关于柏辽兹、舒曼、瓦格纳、韦伯、帕格尼尼等人的音乐评论，提出了许多精辟的见解。这一时期他还写了有关肖邦，以及关于匈牙利吉卜赛人音乐的两部音乐理论著作。1854 年，他把周围和他志同道合的一些音乐家组织起来，建立了“新魏玛协会”。1861 年他又进一步建立了“全德音乐家协会”。在他的努力下，魏玛变成了德国的音乐中心，并吸引了不少外国音乐家前来访问。

李斯特在魏玛的十二年，可以说是他一生中最重要的时期：创作了大部分的代表作品；首创了交响诗体裁；出版了他最重要的理论著作；从事了卓有成效的音乐活动。可以说，李斯特在这一时期达到了他一生事业的顶峰。

晚年时期

——『藏在教袍里的梅菲斯特』

李斯特锐意革新、锋芒毕露，在当时门户之见甚深的社会里，必然会遇到阻力。1858年他指挥上演他的学生科内利乌斯的新歌剧《巴格达理发师》遭到了非议。接着，他和瓦格纳被称为“新德意志学派”而被人在报纸上联名反对，反对者中有他平素器重的音乐家，如小提琴家约阿希姆、作曲家勃拉姆斯等，他的独子也在这时夭折了。此外，因俄国教会不同意公爵夫人与丈夫的离婚，使李斯特一直不能和她完婚。所有这一切，使李斯特感到心灰意冷，早年蕴藏的宗教观念又涌现出来，加上受到笃信宗教的公爵夫人的影响，他于 1861 年迁居罗马，到天主教廷里寻找出路。1862 年在长女逝世后，李斯特进了修道院，1865 年当了神父。之后，他致力于宗教音乐的写作。但是，梵蒂冈并不把这位具有“叛逆”精神的音乐家当作教会的人。哈布斯堡皇朝对这个当年曾同情并参与革命的音乐家亦深为戒备。他这时期又参加过意大利民主派拥护加里波第的集会，在会上谈笑风生。所以，当时李斯特被人称为“藏在教袍里的梅菲斯特”[①]。

李斯特始终忘怀不了自己的艺术圣地，1869 年，他不顾公爵夫人的激烈反对，重返魏玛。翌年，在纪念贝多芬诞辰一百周年的活动中，他亲自指挥了贝多芬《第九交响曲》的演出。在魏玛，他接待各国音乐家；免费授课，培养了一批有才能的钢琴家；大力扶植像法国的弗朗克、丹第，

① 梅菲斯特是歌德诗剧《浮士德》中的魔鬼。

捷克的斯美塔那，挪威的格里格等青年作曲家。他的这些努力，使他成为当时音乐界德高望重的大师。

李斯特此时已上了年纪，在复杂的社会现象面前找不到出路，家庭生活的不顺心使他心情悲郁，创作风格也由原来的热情、华丽转为冷漠、朴素，写出了一些哀歌性的作品。但是，顽强的事业心促使他仍然在艺术上进行不倦的探索、创新。他写信告诉公爵夫人，他的目标“是要尽可能地把一根长矛投向未来广阔无垠的王国”。他在1883年发表的作品《埃斯特庄园的喷泉》等可以说是印象主义音乐的先声；1885年他写的《无调性小品》被认为是无调性音乐的先声。当代匈牙利音乐学家萨波奇指出：“李斯特推开了20世纪的大门。”

1886年7月31日，李斯特在赶往德国拜罗伊特观看瓦格纳的歌剧《尼伯龙根的指环》的演出时，不幸染病逝世。

二、作品简介

《匈牙利狂想曲》第二首

正如圆舞曲与施特劳斯、交响曲与贝多芬的名字分不开一样,《匈牙利狂想曲》与李斯特的名字也是分不开的。

李斯特在 1847~1853 年间共写成十九首《匈牙利狂想曲》。据作者自己的解释,“狂想曲”表现了“爱国的意图”。它们的内容是描写匈牙利的历史、风俗和民众生活,其素材都来自匈牙利的民间音乐和流行歌曲。李斯特创作《匈牙利狂想曲》的过程可分为两个阶段:第一个阶段是准备阶段，即在他回国演出的时候，曾游历祖国各地、观看民间歌舞表演、搜集民歌，对民歌进行整理、配上简单的伴奏，并写成了《匈牙利民族旋律》加以出版；第二阶段是创作阶段，他从《匈牙利民族旋律》中选择曲词，重新构思、加工，创作出钢琴曲《匈牙利狂想曲》。关于《匈牙利狂想曲》，李斯特自己说道："这是学习祖国音乐的结果。"

李斯特到民间去的时候，对在当地流浪的吉卜赛艺人很感兴趣。他说："我们和他们一起行动，和他们一起睡在露天星空之下，和他们的孩子开玩笑，给他们的年轻姑娘赠送礼物，与他们的头领闲谈，在篝火前一起听他们演奏……"显然，他对社会地位低下的吉卜赛人无限同情，向往吉卜赛人那自由不羁的生活、热辣奔放的性格。这一切正是形成《匈牙利狂想曲》气质和风格的基础。

李斯特常常把吉卜赛人演奏的音乐运用到《匈牙利狂想曲》中来，这些音乐的主要来源是匈牙利的民间舞曲和城市流行歌曲。《匈牙利狂想曲》第二首的音乐主题，就是源自吉卜赛乐队演奏的作品。此曲写于 1847 年前后，全曲热情奔放，体现了匈牙利革命时期民众那激昂、热烈的情绪。

全曲可分为两大部分。第一部分是引子和行板。引子是一段简短、即兴式的朗诵调：

谱例 1

1＝E $\frac{2}{4}$

慢板　调皮地

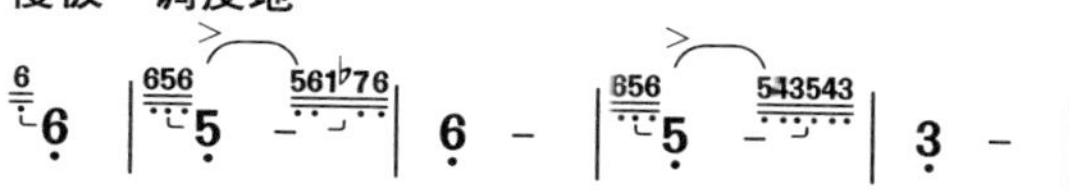

（下略）

它像一个呼号，又像在预示着后面将要发生的激动人心的故事。接着是一个抒情的行板，像民间艺人在叙述着一个动人的故事：

谱例 2

1＝E $\frac{2}{4}$

行板　悲哀地

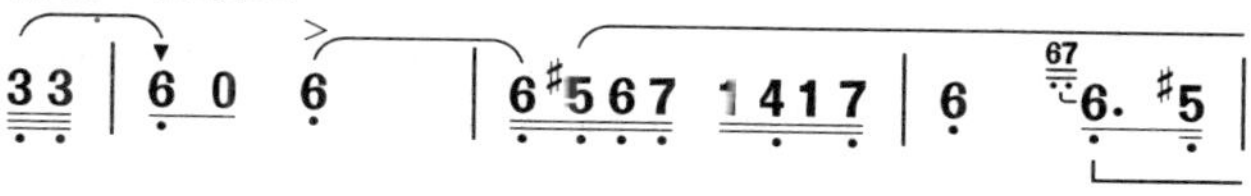

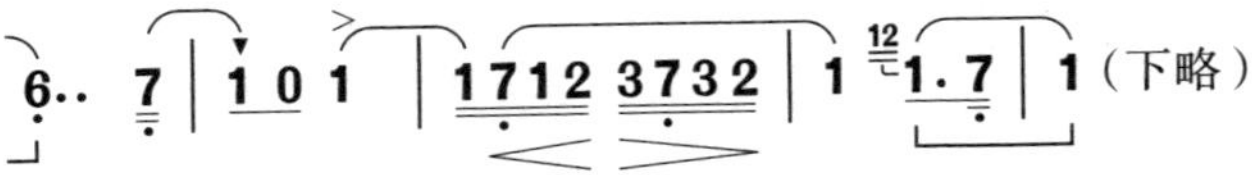

旋律中每句的尾音（画有└──┘号处），富有匈牙利“募兵音乐”[①]的特点。昂扬的调子、有力的节奏，加上模仿民间弦乐器装饰音的固定伴奏音型，仿佛在表现民间艺人边弹边唱的情景。

乐曲接着转入了一段轻快的舞曲：

谱例 3

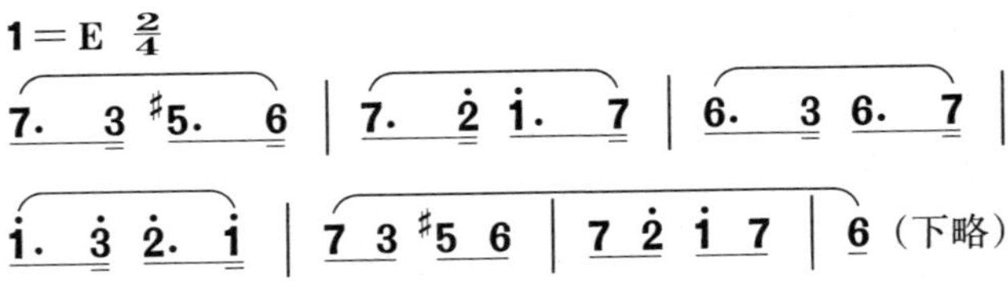

轻快的曲调、鲜明的节奏，加上富有民族特色的固定低音持续音的伴奏，生动地表现了民间舞蹈者那矫健的舞姿。接着，曲调变成了三十二分音

① “募兵音乐”起源于16世纪匈牙利克努兹歌调，17世纪传到拉科齐亲王的部队中，称为拉科齐曲调。吉卜赛人把这种音乐按他们的趣味进行了加工，并常常在招募士兵入伍时把它作为伴舞的乐曲，因此得名。

符奔驰的音流，又变成了疾速的华彩，仿佛表现舞蹈者在急促地、令人眼花缭乱地旋转。在一段更加活跃的音乐之后，引子和抒情的行板再现了，并结束了第一部分。

第二部分是两段快板的舞曲。第一段舞曲旋律轻巧、从弱渐强，伴奏部分具有打击乐的音响效果：

谱例 4

1＝A $\frac{2}{4}$

急板

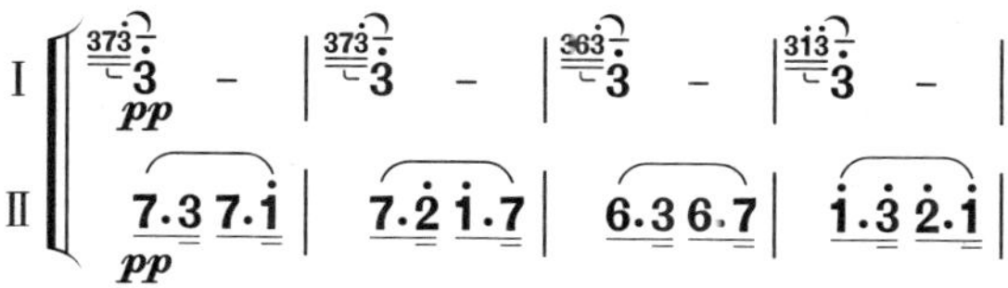

（下略）

后来，旋律骤然变成同音反复，犹如紧锣密鼓般地驱使舞蹈者加快速度：

谱例 5

1＝A $\frac{2}{4}$

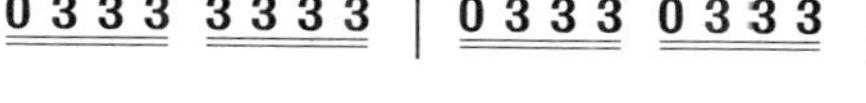

（下略）

此时，钢琴伴奏声部逐渐加厚，从单音进入分解和弦，又逐渐加厚成密集和弦，仿佛表现乐队先是铃、钟演奏，后是弦乐演奏，最后是全体热烈齐奏。

第二部分的第二个快板舞曲粗犷、有力，仿佛是表现一队步履整齐、动作一致的舞者：

谱例 6

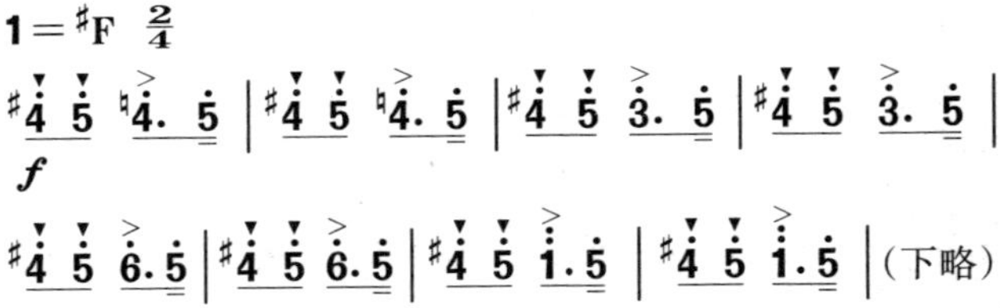

紧接着是这一主题的各种变奏。李斯特在这里运用了各种手法来表现各种民间乐器的音响：如高声部的同音反复，像小提琴的双弦演奏；低声部主和弦与属和弦的反复交替，犹如匈牙利扬琴的音响。这时，节奏逐渐加快，音响越来越强，还运用了双手快速半音八度进行等高难度的钢琴技法，使音乐产生了旋风般炽热的效果，仿佛舞蹈者的情绪已达到了高潮。突然，乐曲速度放慢，力度从强到弱，音乐只剩下轻轻地回响，好像舞蹈者舞罢纷纷离去。然后，音乐又逐渐增强，仿佛人们又聚拢起来，重新投入舞蹈之中，直至又一次掀起了舞蹈的狂潮而结束全曲。

《匈牙利狂想曲》第二首的音乐，从音调、节奏到音乐语言、乐曲结构及音响效果，都具有鲜明的匈牙利民间音乐的特色，而李斯特又通过高超的钢琴技巧，使这首曲子越发显得热情奔放、色彩缤纷。为了充分表现吉卜赛乐队的演奏风格，李斯特用钢琴的不同演奏手法，去模仿各种乐器的音色，使这首乐曲蕴藏着丰富的乐队效果，极适合改编为乐队演奏曲。后来，除了作者亲自把它改编为管弦乐曲外，还有好几位作曲家也把它改编成管弦乐曲，至今仍留下了几个不同的版本，并且都是效果强烈、深受听众欢迎的。

《匈牙利狂想曲》第六首

此曲与第二首一样,成为李斯特的“狂想曲”中最受欢迎的代表作之一。比曲民族色彩浓厚,音乐形象丰富、生动,演奏技巧高超,表现了李斯特对祖国匈牙利的深厚感情。

全曲共分四段,其主题都是来自当时匈牙利流行的民间曲调。

第一段的主题来自李斯特编辑的《匈牙利民族旋律》的第五首《柯罗皮兹基之歌》:

谱例 7

1＝♭D $\frac{2}{4}$

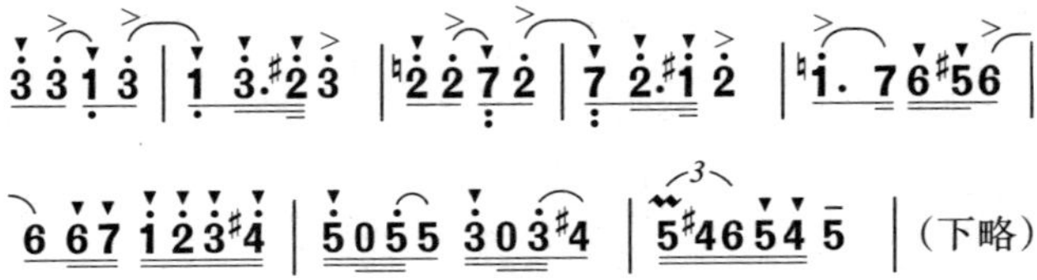

这一曲调具有进行曲的节奏及豪迈的性格，使我们联想到匈牙利武士们在行进的情景，以及募兵舞中刚健的男性舞蹈者的舞姿，而在曲调后半拍中出现的重音，犹如舞蹈者那神气十足的顿足声。这一段音乐表现了李斯特对祖国历史上的英雄业绩的缅怀。

第二段的主题来自 1843 年匈牙利出版的歌集《日光照射出来了》，是一首快板舞曲：

谱例 8

1＝♯C $\frac{2}{4}$

急板

它的旋律活泼轻巧，其特点是对切分音的运用：

先是四小节出现一次，后来是八小节出现一次，好像是表现匈牙利民间舞蹈中不断变换节奏的“顿足”动作。

第三段的主题来自匈牙利 19 世纪初流传甚广的流行歌曲《黄色的金龟子》。这首歌的歌词是：“五月的金龟子，黄色的金龟子，……苦难的夏天燃烧着我的胸膛，自从心上人夺取了我的心。……”李斯特把这首曲调做了改编，加上了许多装饰音，使它具有即兴性和叙事性：

谱例 9

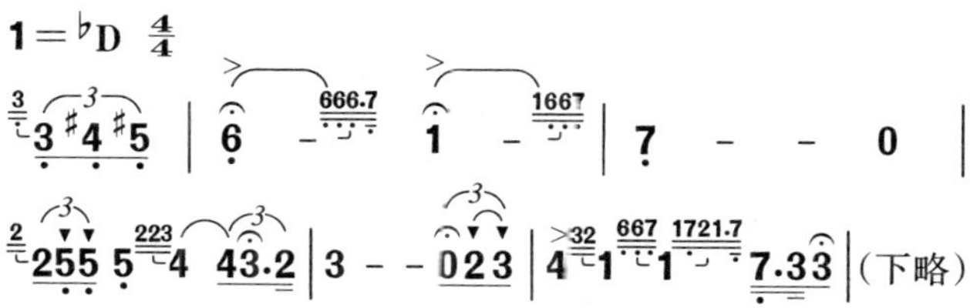

近似朗诵般的旋律、繁多的延长记号、低音和弦式的伴奏，犹如一个艺人在拨弄着琴弦，边弹边唱。音乐把人们带到对匈牙利古老年代的回忆、遐想中。

匈牙利伟大诗人裴多菲在《我的故乡》一诗中，就曾用了这首流行歌曲的第一句歌词，作为诗中各段的结束句，表达了他对儿时的回忆和对故乡的怀念：

我出生在这地方，
在这平坦美丽的草原，
这城市是我的摇篮，
我保姆的歌还在荡漾，
我又听到那儿歌的声浪，
“金龟子，黄色的金龟子。”

* * *

我离开它的时候还是个孩子，
回来的时候已是个成年人。
啊！过去了整整二十年，
满载着痛苦和欢乐，
二十年是怎样度过的呀，
“金龟子，黄色的金龟子。”
……

裴多菲的这些诗句和李斯特的这一段音乐的情绪是多么切合啊！

第四段音乐主题来自《匈牙利民族旋律》第十一首，是一首快速的舞曲：

谱例 10

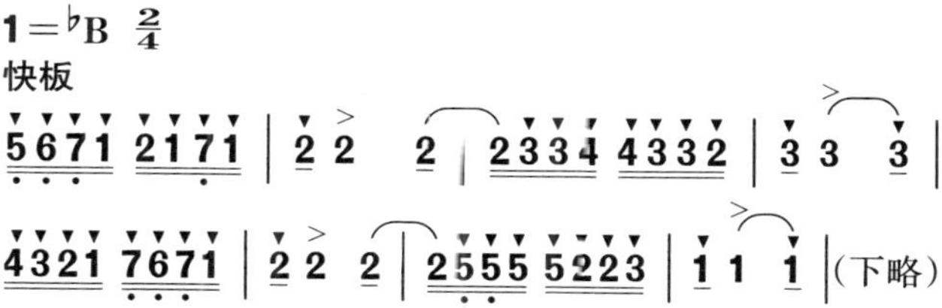

这段旋律愉快活泼，李斯特对它加以多次变奏，使它变得越发情绪热烈、色彩缤纷。特别是第七次变奏，运用了双手八度，力度不断增大、速度不断加快，声部越来越厚重、音乐越来越热烈，直至高潮而结束全曲，生动地描绘了民间节日绚丽、欢腾的场面。

《匈牙利狂想曲》第六首具有浓厚的民族色彩，丰富、生动的形象，高超的演奏技巧（尤其是终段的“八度”，被人们称为“李斯特八度”），因而深受世界各国的钢琴家及听众的欢迎。

《第一钢琴协奏曲》

此曲是李斯特的代表作，大约于 1849 年写成，1853 年、1856 年曾两次修订。

此曲具有英雄性的气质。曲中的核心动机，早在 19 世纪 30 年代李斯特写的草稿中就出现过，说明此曲是作者在民族民主运动高涨的时期，受到积极向上的革命精神影响而创作出来的。

此曲共分四个部分。第一部分相当于传统协奏曲的第一乐章（快板乐章）。乐曲一开始，就由弦乐开门见山地奏出了音乐主题（核心动机），接着，钢琴独奏脱颖而出，通过华彩奏出这个动机，造就了磅礴的气势：

谱例 11

1＝$^{\flat}$E $\frac{4}{4}$

隆重而庄严的快板

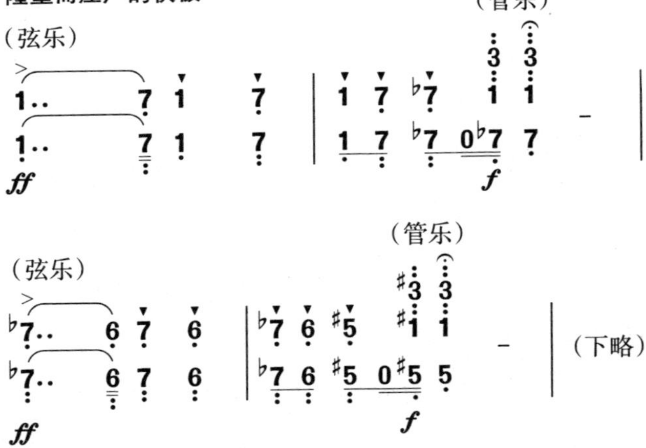

第一部分的第二主题温柔、抒情，由钢琴和单簧管、小提琴一唱一和，对答呼应：

谱例 12

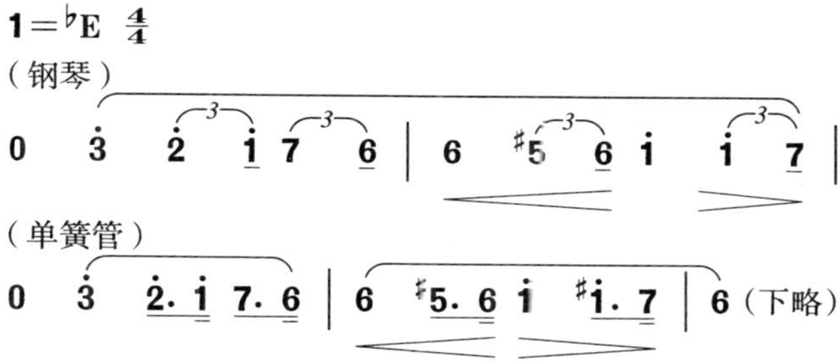

这个主题和英雄性的第一主题对比出现，给人一种宁静的感觉。接着，钢琴通过各种技巧手法，把这个主题加以变化、发展。但是，第一主题的动机逐渐穿插进来，渐次扩成全奏，加上钢琴上出现的力度很强的音域达四个八度的半音下行，形成排山倒海的高潮，突出了音乐的战斗性。最后，钢琴以竖琴般轻盈、透明的琶音，结束了第一部分。

第二部分是自由即兴式的变奏曲，音乐自由、从容地发展。一开始，由低音弦乐器奏出一个含蓄而略带忧郁的主题：

谱例 13

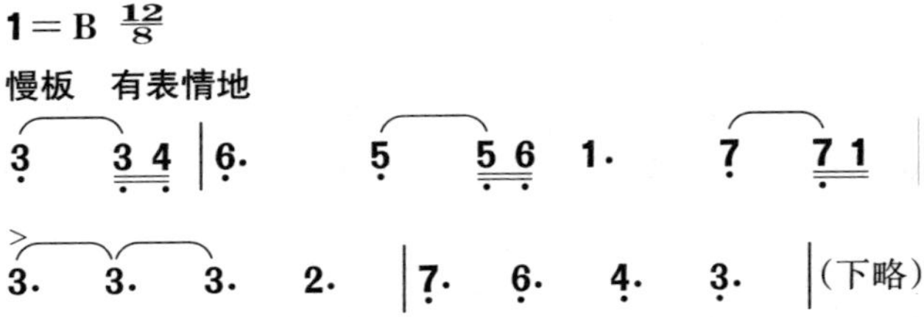

随后，钢琴对其进行重复并加以模进，发展成犹如热情的倾诉般的独奏乐段。主题的第二次出现已改变节拍，并由小调变为大调，音乐显得较为舒展：

谱例 14

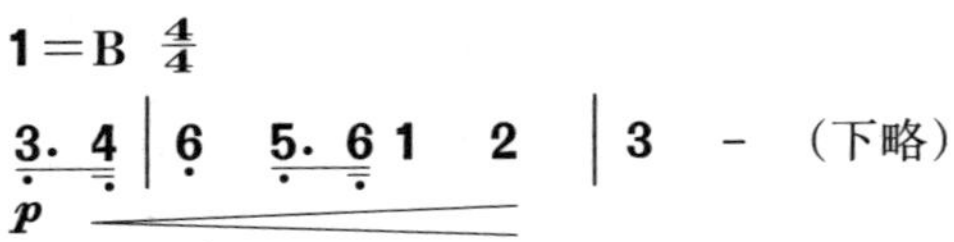

主题的第三次出现，是由长笛、单簧管、双簧管、大提琴依次奏出一个新的主题，钢琴以右手长颤音及左手琶音进行衬托，这段音乐犹如一首欢悦的赞歌：

谱例 15

1＝C $\frac{4}{4}$

温柔、有表现地

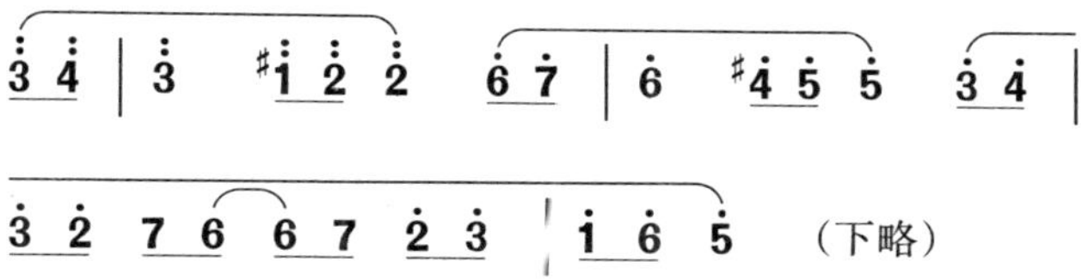

（下略）

最后，由单簧管奏出原主题而结束了第二部分。

第三部分是谐谑曲，它和表现内心感情的前两个乐章不同，侧重在描绘五光十色的离奇神秘的幻想世界。音乐开始是用三角铁和弦乐器的弓杆击弦奏出的引子，然后出现了十分活跃的主题：

谱例 16

1＝D $\frac{3}{4}$

有生气的快板

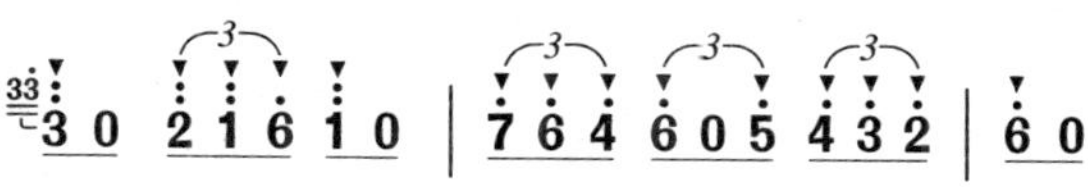

（下略）

第二个主题像一首舞曲，它具有跳跃的节奏，并在高音区演奏，犹如童话世界中幽灵的舞蹈：

谱例 17

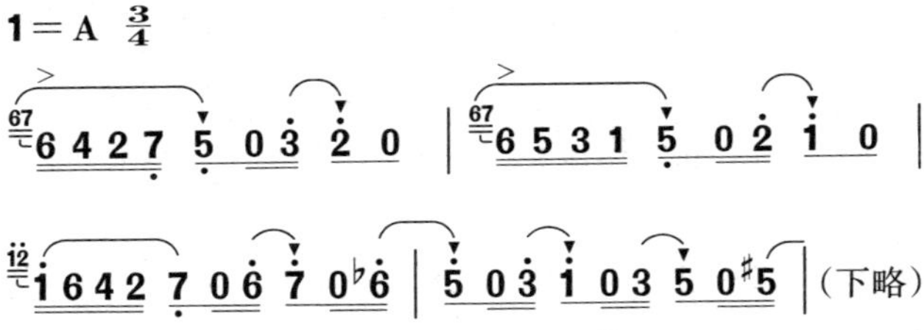

以上两个主题轮流出现三次，每次都加上不同的变化和装饰，特别是钢琴在高音区的快速弹奏，使人联想起舞蹈者那令人眼花缭乱的舞姿。之后，全曲第一部分那庄严的主导动机悄悄地出现了；再后，双簧管和小提琴奏出了第二部分那欢悦、幸福的主题。于是，音乐进入了明亮、雄壮的第四部分。

第四部分是全曲的总结，前面三个部分的主题，在这里都相继出现了。为了和核心动机那积极向上的性格相一致，这里出现的第二部分的抒情主题变得有力和乐观，第三部分的诙谐的主题也变得充满喜悦和欢乐。最后，贯穿全曲的核心动机犹如进军号般地响起来，如同奏出了一首嘹亮的凯歌。

《第一钢琴协奏曲》具有积极向上的性格，给人以鼓舞和力量。全曲结构简洁、主题鲜明、形式新颖，采用主题贯穿的手法，这也是李斯特在交响诗中常用的手法。而第四部分对全曲进行总结，是以往协奏曲中所没有的，是李斯特的一种创新。他说："把它们系在一起并达到完美的结束，这种手法是我的独创。"这首乐曲中，独奏钢琴的音乐充满力量和光彩，乐队的音响玲珑别致。他的学生，德国作曲家、诗人科内利乌斯曾这样形容这首曲子："钢琴像一个聪明活泼和热爱生活的王子被一群光彩、有教养的侍从环绕着。"

但是，此曲1857年由柏辽兹指挥、作者担任钢琴独奏在魏玛首演后，却遭到音乐评论家汉斯利克的抨击，并讽刺曲子的第三部分使用三角铁，无人敢演奏。但作者并不因此而被吓倒，他说："要像坚韧皮厚的河马一样弹回射来的箭。"1869年，青年女钢琴家索菲亚·罗西菲芙娜·门特尔独排众议，演奏此曲，并取得完满成功。自此，它便作为优秀的钢琴协奏曲之一而受到人们的欢迎。

《爱之梦》

李斯特创作了不少有名的歌曲，如《罗列莱》《三个吉卜赛人》《迷娘之歌》《离别》《爱之梦》，等等。它们都具有深情、流畅的曲调，色彩丰富的伴奏，富有诗意的音乐形象，深受歌唱家们欢迎。

李斯特共写了三首钢琴曲《爱之梦》，其中最受欢迎的是第三首，即作者根据同名歌曲改编而来的这一首。

歌曲第一段和第三段的曲调相同，非常抒情、柔和，给予人温暖、慰藉：

谱例 18

1＝G $\frac{3}{4}$

中板

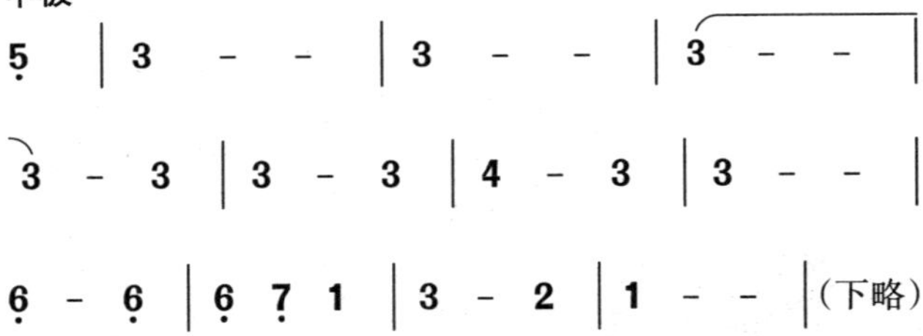

第二段的曲调与前后形成显著对比，表现在梦中见到情人的激动心情：

谱例 19

1＝G $\frac{3}{4}$

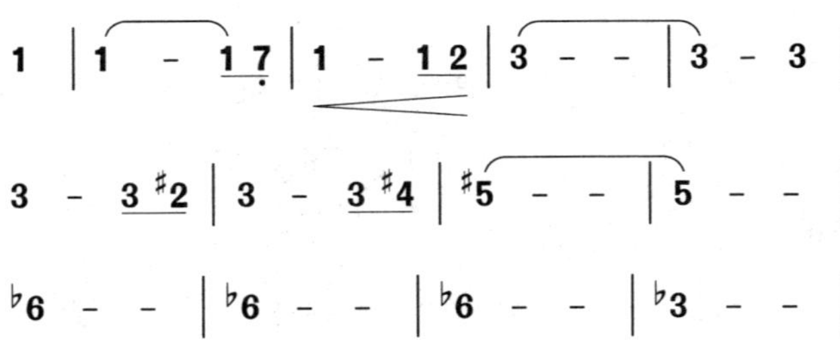

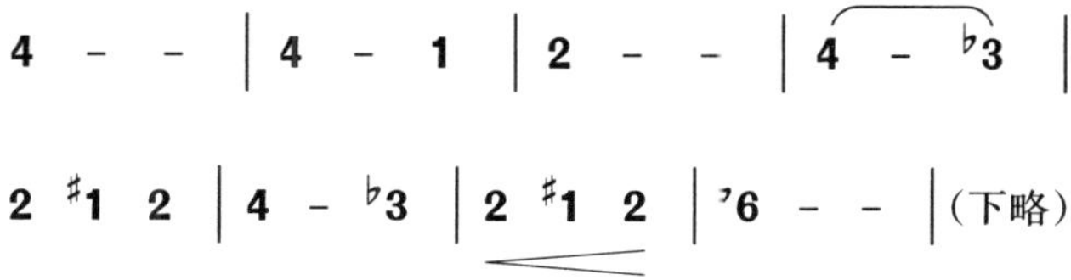

第三段曲调同第一段，只是加上了一个尾声，表现了作者无限依恋的情怀。

李斯特把歌曲改编为钢琴曲时，用了诗人弗莱里格拉特的一首名为《爱吧》的诗作为题解：

爱吧，能爱多久，愿爱多久，就爱多久吧！
你守在墓前哀诉的时刻快要来到了。
你的心总得保持炽热，保持眷恋，
只要还有一颗心对你回报温暖。
只要有人对你披露真情，
你就得尽你所能教他时时快乐，没有片刻愁闷，
还愿你守口如瓶，严厉的言辞容易伤人，
天啊，本来没有什么恶意，
却有人带泪分离。

钢琴曲《爱之梦》的音乐主题和全曲结构，与原歌曲没有很大不同。全曲亦分为三段。第一段把声乐曲的第一、第二段合在一起。第二段用的是声乐曲第二段的主题，只是把它做了转调，形成高潮。第三段又回到第一段的音乐中来。但钢琴曲由于不必受人声的局限，音域可以得到扩充，并可以运用各种钢琴演奏技巧来表现内容。因此，它比原声乐曲要丰富多了，所表现的情感比原声乐曲亦复杂多了。特别是钢琴曲在第三部分曲调再现之前，出现了一个钢琴华彩段落，使第二部分的高潮得到了充分的引申、发展，因而给人留下了更深的印象。

《林中烟雾》

李斯特从 19 世纪 20 年代到 60 年代，一直都在写钢琴练习曲。初期他受帕格尼尼的影响，在练习曲中追求高超的技巧，后来又受肖邦的影响，注意表现手法和形式的精练。他写的练习曲都属于音乐会练习曲，既包含鲜明、动人的艺术形象，适合在音乐会上演出，又具有集中、有效的技术训练价值，并以技巧艰深著称。它们的特点是多具标题，如《英雄》《马捷帕》《狩猎》《侏儒的轮舞》《钟》等都是很有名的音乐会练习曲。

音乐会练习曲《林中烟雾》创作于1862~1863年，即李斯特在魏玛的末期和初到罗马的时期。这正是李斯特在事业、生活上遭受挫折的年代。但是，他仍然写出了这首歌颂大自然的明朗、乐观的乐曲，说明李斯特的心是始终热爱生活的。

此曲是表现大自然给人的美好感受，表现陶醉于良辰美景中的人们那舒畅、激动的心情：

谱例20

1=♭D $\frac{4}{4}$

有生气的快板

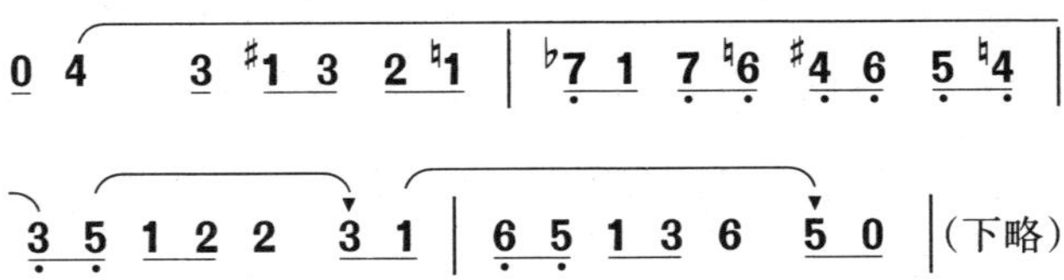

而伴奏部分的三连音的琶音走句，好像微风吹动树叶一样，沙沙作响、喃喃耳语。曲调通过各种转调、八度双音、节奏变换，来表现情绪的变化。中间部分插入一个热情、雀跃的副题，最后回到主题结束。

这首练习曲是集中训练流畅、均匀地弹奏各种三连音的，但在达到技术训练的目的同时，作者又赋予此曲鲜明的艺术形象。这正是李斯特的音乐会练习曲的成功之处。

《前奏曲》

这是李斯特交响诗中的代表作之一。它的构思清晰、形象鲜明、结构严谨，深受听众的欢迎。它初写于1848年，到1854年前后修订，原是作者以法国诗人奥特朗的《四元素》为歌词而创作的男声合唱曲的序曲，后作者把它改为独立的交响诗。

它是一部描写人生历程的作品：人生之初、友谊与爱情、挫折与厄运、走向大自然、人之立，等等。它采用了传统古典奏鸣曲的曲式，但根据内容的需要，作了发展、变化。

乐曲开始是一个引子，它是全曲的核心动机，是繁衍出全曲各个主题的种子：

谱例 21

它像在提出一个疑问：人生是什么？接着，弦乐、木管奏出一个由它发展而来的旋律，犹如对这个疑问的进一步引申：

谱例 22

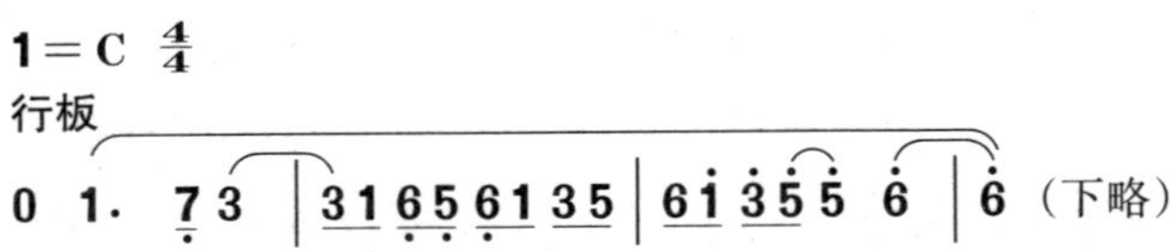

之后，由长号吹出了主部的音乐主题，它浑厚有力、庄严嘹亮、充满生命的光彩，仿佛在郑重地揭开人生的序幕：

谱例 23

1＝C $\frac{12}{8}$

行板　庄严地

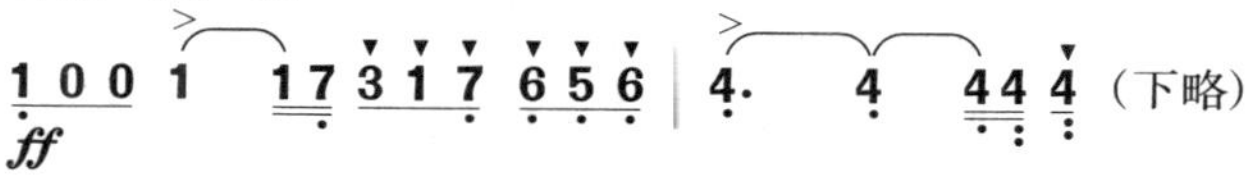

这个主题在不同高度多次重复后，便转入了连接部的主题。它温暖抒情、流畅如歌，仿佛在表达一种爱的感情：

谱例 24

1＝C $\frac{9}{8}$

有表情地　如歌

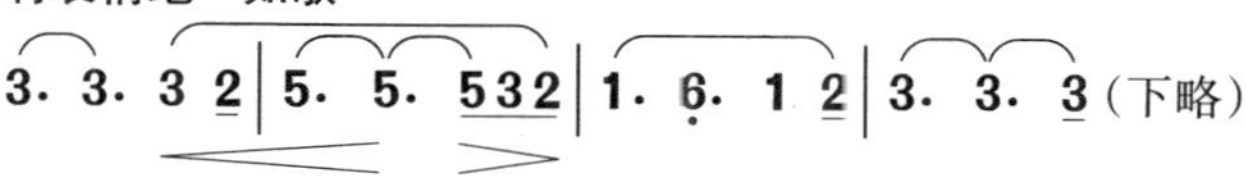

副部是由四个法国号二重唱般吹出一支真挚动人、娓娓动听的旋律，如同内心的倾诉：

谱例 25

1＝C $\frac{4}{4}$

柔和、安静、有表情地

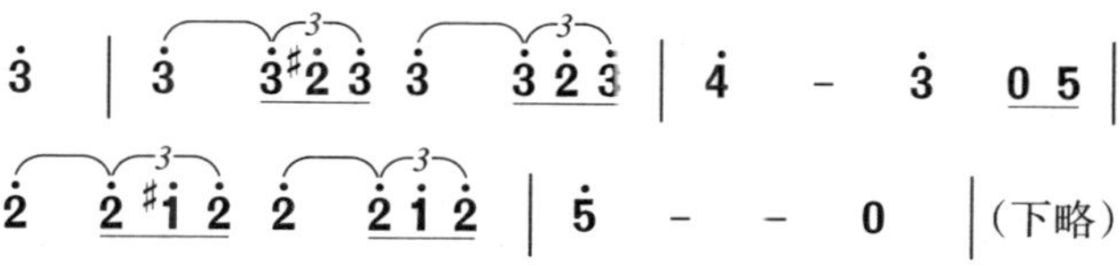

展开部应用了主部的主题进行发展。作者在这里应用了各种手法：低声部往返疾驰的半音进行、弦乐器的颤音、不稳定的调性、减七和弦，等等，造成了一种翻滚、动乱的效果，犹如一场暴风雨突然袭来，越来越猛烈，也象征着人生征途上常常遇到的挫折与厄运。然后，一切又逐渐平息下来，音乐复归宁静。这时候，双簧管柔和地奏出一个似曾相识的主题，是由连接部的主题变形而来的。它是那么温柔明亮，仿佛是暴风雨过后，温暖重返人间。这是展开部的第一个段落。

展开部的第二个段落具有田园诗的风味，与第一个段落形成对比。它仿佛表现人们经过生活风暴的冲击之后，投身到大自然中去，并从大自然中得到了安慰。它由法国号、单簧管和长笛模仿着牧笛彼此呼应地吹出：

谱例 26

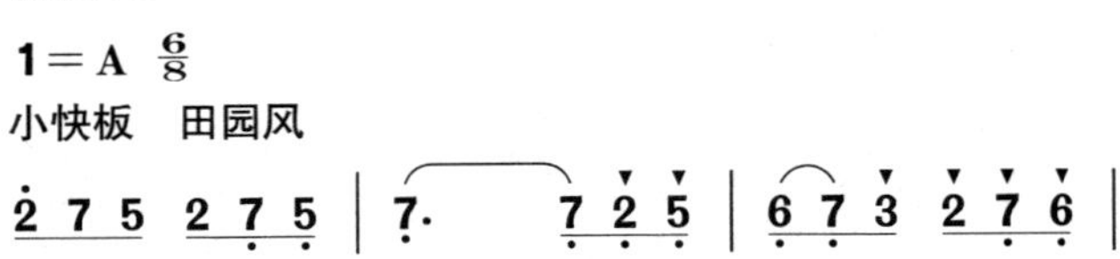

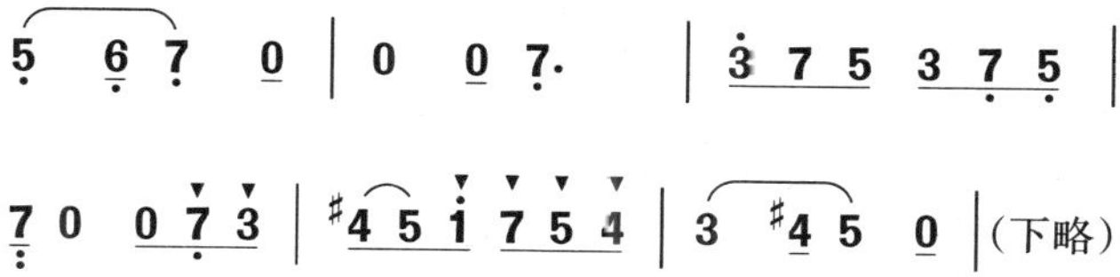

这首曲子的再现部和一般古典奏鸣曲式的再现部有所不同。古典奏鸣曲式一般是先再现主部主题，然后再现副部主题。但是，这首曲子却首先再现连接部和副部的音乐，然后才出现主部。这和全曲的内容有关。

值得注意的是，再现部中出现的连接部、副部主题已经改变了性格，它们不再是柔和、宁静、娓娓动听，而是具有英雄性，好像一首进行曲：

谱例 27

1＝C $\frac{2}{2}$

快板

（连接部主题）

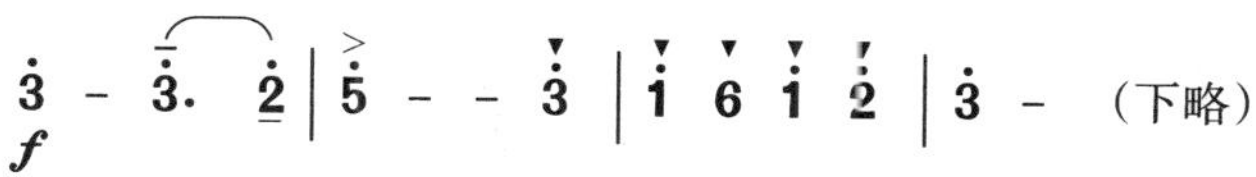

谱例 28

1＝C $\frac{2}{2}$

快板

（副部主题）

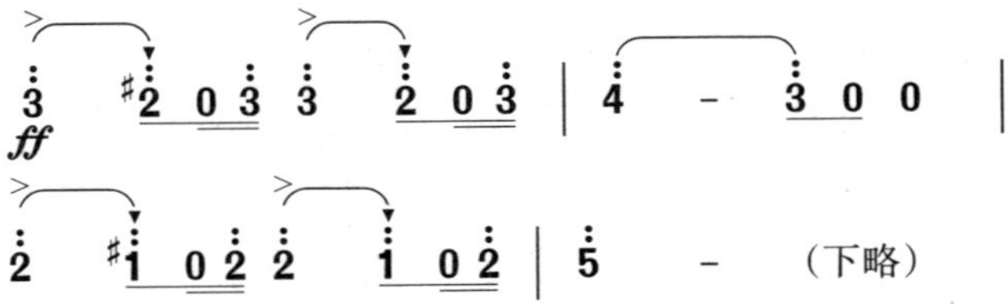

当主部主题再现时，音乐更加雄壮有力。全曲结束在辉煌的音乐声中，犹如唱出了一首生命的凯歌。正是因为全曲是一首生命的凯歌，所以在再现部中，把充满生命光辉的主部主题放在最后压轴，就能更有力地突出乐曲的中心思想。这正是作者之所以对古典奏鸣曲式的再现部结构进行发展、变化的原因。

这首乐曲的总谱前写的序言（题解）是这样的：

我们的一生，不是一首用死亡唱出庄严的第一个音符的无名歌曲的前奏曲吗？爱是每一颗心中的朝阳曙光，但最初的幸福和欢乐难免受到难测的暴风雨的袭击，以致好梦被惊破，祭坛被摧毁，在其残酷的吹击下，怎能不寻求宁静的田园生活，从回忆中去寻求安慰呢？可是人总不能沉醉于大自然中苟且度日，当听到警报般的小号吹起号角时，不管是号召他去加入怎样的战斗行列，他立即挺身而出，为的是在枪林弹雨、激烈炮火中完全恢复自信，并获得充分的力量。

序言第二句开始的整段话，不失为乐曲构思的简单概括，可以成为听众理解乐曲的依据。但是，序言的第一句话却是这么悲观，与后面整段话是矛盾的，也与全曲的音乐性格相悖。这可能与作者的思想变化有关。此曲创作的年代是欧洲民族、民主运动高涨的年代，但到此曲修改定稿时已是1854年，正是欧洲社会发展的动荡岁月。因此，当他要写出版序言时，很可能受到消极思想的影响，而写下了这一段前后矛盾的话。然而，这一句话并不能影响全曲音乐的性质。《前奏曲》是一首生命的颂歌，这是毋庸置疑的。

《塔索》

这是李斯特交响诗中的代表作之一。它原是为 1849 年 8 月 28 日魏玛剧院纪念歌德诞辰一百周年，演出歌德的戏剧《托尔夸托·塔索》而写的序曲，后成为独立的交响诗。

塔索（1544~1595）是意大利文艺复兴后期的诗人，他曾著有《被解放了的耶路撒冷》等长诗。他的一生经历很悲惨。少年时期已出名，青年时期创作了优秀的作品，但在反动宗教势力的压迫下，他精神错乱，因而被幽禁多年（据说是他向卢卡列齐亚公主诉说他的忧愁时，怀疑有仆人偷听，持刀冲向仆人而被囚；后来还传说他是与卢卡列齐亚公主恋爱，遭费拉拉公爵囚禁宫中）。中年后，他在意大利到处流浪，贫病交加。最后，当他的朋友——大主教阿尔勃兰登尼和教皇克莱门特八世请他来到罗马，拟授予诗人的桂冠时，他却在授冠前夕病逝。

塔索的事迹成为后世许多文艺作品的题材。其中歌德的剧本《托尔夸托·塔索》，突出了塔索对公主的爱情；拜伦写的长诗，却着重刻画塔索所受的迫害和痛苦。李斯特参考歌德的剧本，又发展了拜伦的长诗，在交响诗中集中表现塔索生前所受的迫害和死后获得的荣耀。他在作品的序言（题解）中写道：

首先，应该使这位英雄至今仍在威尼斯的咸水湖上显灵的伟大亡魂复生，其次，应该体现这位怀着深切的痛苦而观察费拉拉宫廷节宴的英雄的骄傲和忧伤的面貌；最后，我们再跟踪到罗马这座“永久的城市”，即为塔索加上光荣的桂冠并尊崇他为殉难者和诗人的城市中去。这三点与他那不朽的形象是不可分割的。

在李斯特的后半生，他愈来愈对塔索有深切的感情，由初时的同情到后来的同感。虽然他没有遭到塔索那样肉体和精神上的迫害，但在创作上遭受的打击和人生的孤独感，使他产生悲痛。他在死前一年和他的学生谈到塔索的遗体运到首都授以桂冠时说：“我将不会被凯旋式运到首都了，我的作品被普遍接受的那个时刻终会到来，但对我来说是迟了，因为我将不复与你们在一起了。”因此，创作这部交响诗作品时，作者是倾注了自己深切的感受的。

为了更真实地塑造塔索的形象，作者选择了一首威尼斯船歌的片段，作为贯穿全曲的主题的基础。这首船歌是采用塔索的长诗《被解放了的耶路撒冷》的开头几行作为歌词：

谱例 29

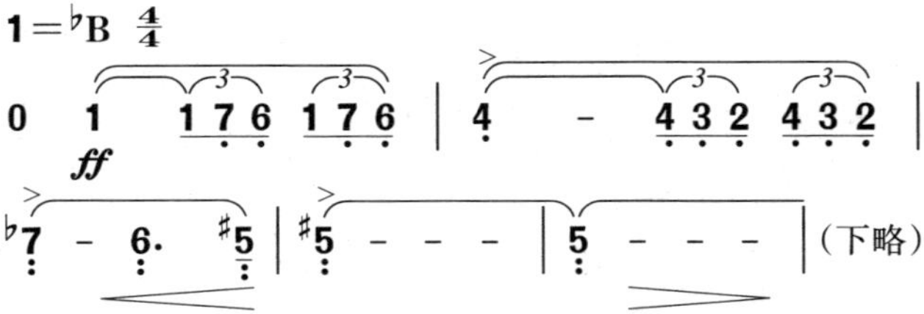

这一旋律具有悲愤的情绪，浓郁的意大利风格，加上原歌曲是采用塔索的诗句为词，极易使听众联想到塔索的形象。

这首交响诗共分两大部分：悲伤与胜利。

第一部分又分为两段。乐曲一开始，由低音弦乐器奏出威尼斯船歌的主题，展现出主人公悲剧性的人生。音乐主题经过反复、变化，由沉郁变为激愤，仿佛表现诗人在控诉那不幸的命运。接着，由低音单簧管和三个加弱音器的大提琴奏出音乐主题的第一个变形：

谱例 30

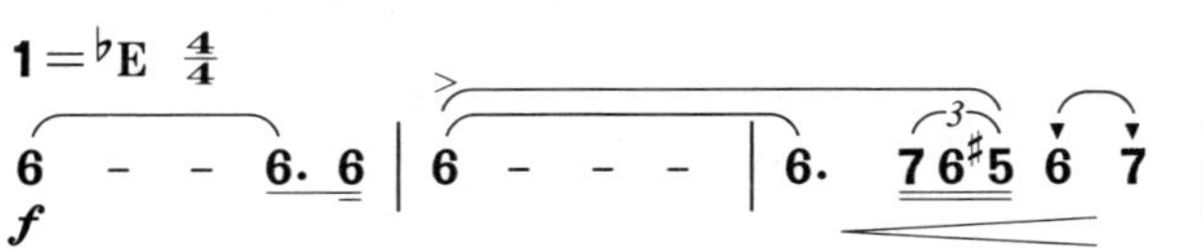

这是一个孤傲的灵魂所发出的悲哀的呻吟。

后来，乐曲的基本主题从小调变为开朗的大调，由小号昂然吹出：

谱例 31

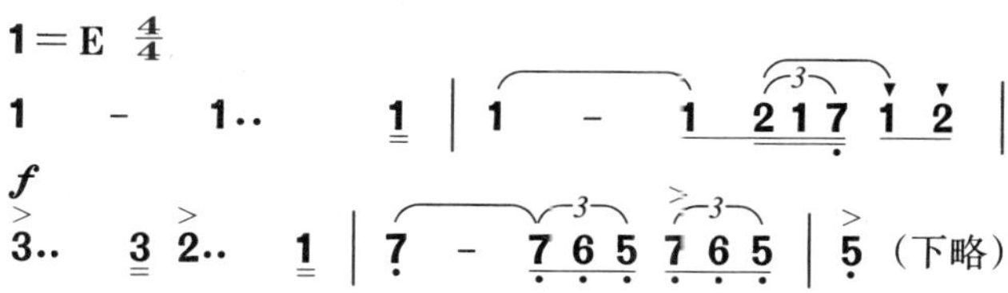

这个主题雄壮、嘹亮，仿佛是对青年时代就扬名于世的塔索的歌颂、赞扬。音乐稍加变化，便发展到高潮，它仿佛是表现塔索来到费拉拉时受到人们热烈欢迎的情景。第一部分的第一段音乐就此结束。

忽然，音乐转入一个奇异的境地，音乐主题由四拍子变为三拍子，颂歌变成一支小步舞曲，表现了宫廷的舞蹈场面。这时，一支带有神秘色彩的旋律进入了，它使人联想到费拉拉宫里正在酝酿着什么阴谋：

谱例 32

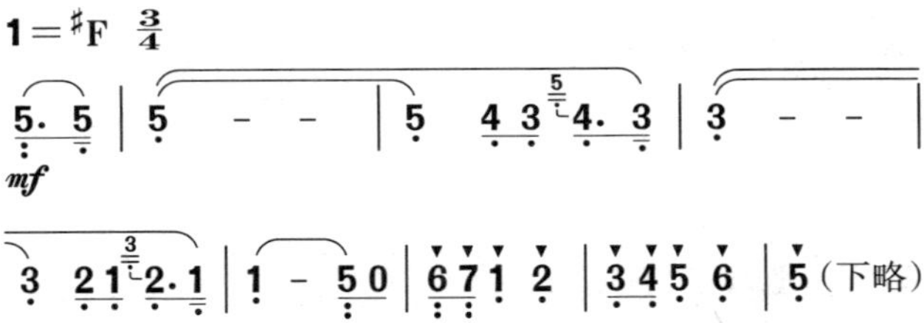

这个旋律经过反复，从开始的隐蔽变得越来越激烈，形成尖锐的冲突，又一次出现了高潮。这仿佛在表现费拉拉宫廷的阴谋实现了，对塔索的迫害发生了。之后，乐曲开始的基本主题又一次再现，它的出现，突出了塔索那富有悲剧性的命运。

以上两段，组成乐曲的第一部分——“悲伤”。

乐曲的第二部分“胜利”，是表现塔索在罗马受到的荣耀，是作者的一种浪漫主义的想象。音乐以铜管乐器威武嘹亮的齐鸣和弦乐器辉煌灿烂的齐奏开始。在这里，基本主题由小调变成大调，表现出胜利的欢乐。这是“永久之城”罗马对“桂冠”诗人的祝贺，对受尽折磨的人民的儿子光荣凯旋的欢迎。音乐在此形成一个高潮，之后结束全曲。

李斯特在这首交响诗中，又一次成功地运用了单一主题贯穿发展的作曲手法。他通过一个主题的发展、变化，塑造出一系列生动的音乐形象：从忧郁沉重的引子，变为愤慨倾诉的主题；从优雅神秘的小步舞曲，变成光辉嘹亮的胜利终曲。这些都使音乐既统一又有发展、变化，很好地概括出塔索的一生。

《匈牙利》

此曲作于 1854 年，是李斯特创作的第九首交响诗，也是李斯特对创作具有匈牙利民族特点的交响诗的一个尝试。

这首交响诗使用了匈牙利民族音乐的素材，缅怀了匈牙利民族悲壮的历史，表现了匈牙利民众的欢乐和痛苦、呼声和悲叹、斗争和胜利。

乐曲开始是一段短促的引子，由圆号和大管奏出半音上行的哀伤的调子：

谱例 33

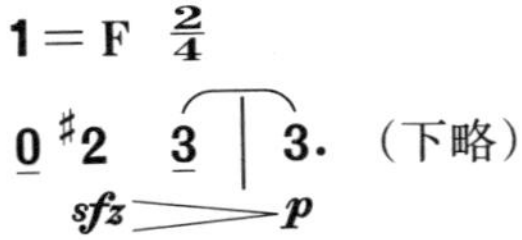

紧接着，低音提琴奏出一个阴郁的下行动机：

谱例 34

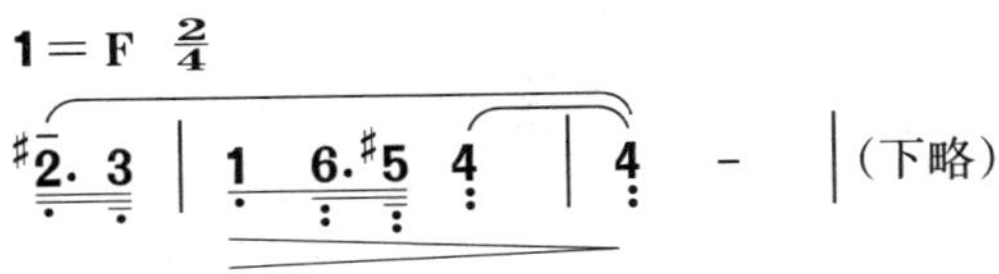

这仿佛是几个世纪以来遭受外族蹂躏的匈牙利人民的哀叹。音乐继续发展形成痛苦的迸发，表现了匈牙利民族的深重灾难。之后，音乐逐渐沉寂了。这时，传来一首威武的进行曲，这是英勇的匈牙利人民不甘屈服，奋起反抗了：

谱例 35

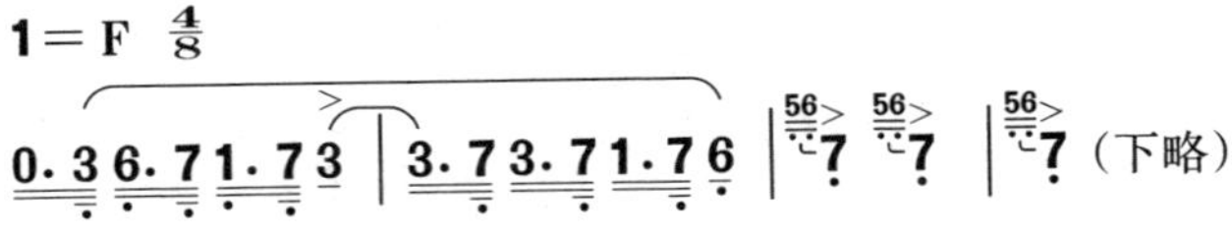

这个旋律来自李斯特创作的《匈牙利英雄进行曲》。这个充满自豪感的旋律不断地反复，并衍生出新的主题，有力地表现了匈牙利人民不屈的斗争精神。但是，哀伤的引子音调又出现了，在木管演奏过后，英国管和圆号接替，最后由竖笛吹出，仿佛表现斗争失败后，匈牙利人民在孤寂的荒野中哀叹。但是，斗争并没有结束，前面那威武的进行曲又多次出现，并且还和那哀伤的音调形成复调结构，同时出现。这仿佛是在表现匈牙利人民那斗争、失败，再斗争、再失败的艰苦的战斗历程。

接着出现了一段充满渴望与祈求的音乐，表现了人们对胜利的向往：

谱例 36

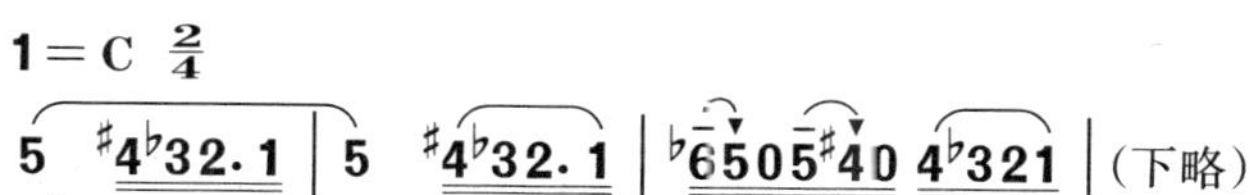

之后，出现了一段动人的小提琴独奏，它采

用的是吉卜赛音乐。这段富于即兴性的音乐，象征着作者心中的祖国。这段音乐变得越来越激烈、热情，接着进入了光辉的、英雄性的快板段落。这快板段落由铜管和定音鼓奏出，庄严、有力，仿佛是预告着胜利必然来临：

谱例 37

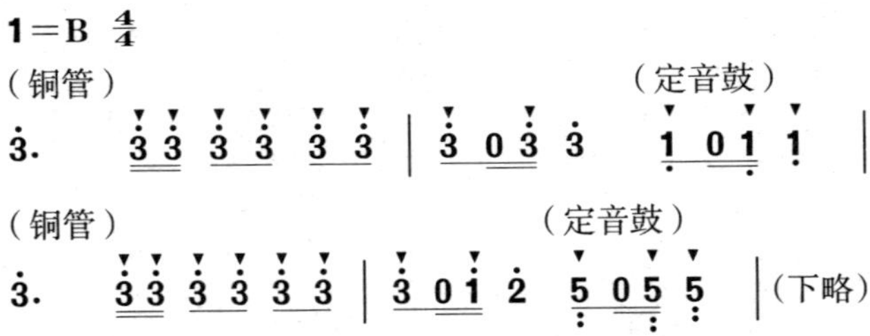

但是，胜利的预告并不意味着胜利的真正到来。之后，又多次交替出现前面威武的进行曲，以及引子中哀伤的旋律。音乐时而战鼓齐鸣、奋起激战，时而又哀声四起、痛不欲生，再一次表现了匈牙利人民艰苦奋战，跌倒了又爬起来的英雄性格。

最后，音乐中出现了一段急板：

谱例 38

1＝D $\frac{2}{4}$

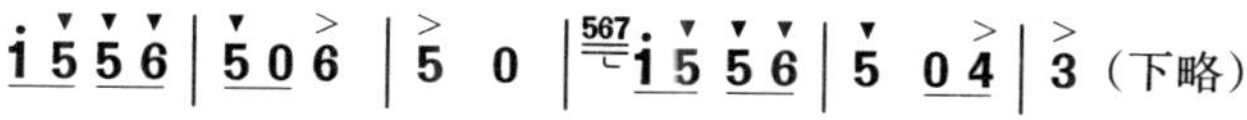

这是获得胜利的欢呼声。然后，乐队以排山倒海之势，表现了匈牙利人民走向胜利的英雄形象。乐曲就此结束。

这首乐曲 1856 年初在魏玛白作者亲自指挥演出，获得成功。1869 年李斯特应邀回国时，在他的作品音乐会上，由匈牙利音乐家艾凯尔指挥演出此曲，受到匈牙利人民的热烈欢迎。

《挽诗》

这首交响诗在李斯特的十三首交响诗中列为第八首，不过，它却是酝酿最早的一首。早在1830年，在“七月革命”热潮的感染下，李斯特就计划创作一部“英雄”交响曲，但此计划未能完成，只留下一个创作大纲。1848年欧洲资产阶级革命高潮时，他又重新酝酿写这部交响曲，计划包括五个乐章，其中一个乐章的标题是《挽诗》。后来，《挽诗》作为一首独立的交响诗被创作成功了。

这首作品是为悼念革命烈士而作，从它最后改写的结果来看，是悼念为匈牙利独立战争牺牲的烈士。

1849 年 10 月，匈牙利独立战争在奥地利、俄国两国反动势力的夹击下，遭受失败。革命将士被残酷镇压，九位起义将军全被枪杀，每天都有噩耗传到住在魏玛的李斯特那里。在烈士中，不少是他的朋友，这一切使他深为悲痛。就在这沉痛的心情之中，他写下了这首曲子。关于这首曲子的内容，李斯特在序言中写道："描绘倒塌在瓦砾堆上的被破坏、蹂躏的景象，一种继灾祸而来的声音，模仿在经历恐怖事件时所发出的那种可怕的呼号"，以及"阴郁的场面"。

乐曲开始是一个恐怖的引子，小鼓在微弱的颤音中跟着锣和定音鼓突然袭来，形成紧张的气氛，长号发出苦恼而粗暴的叫喊，像宣告噩耗的到来。之后，弦乐奏出第一主题：

谱例 39

1＝$^{\flat}$A $\frac{4}{4}$

葬礼进行曲式地

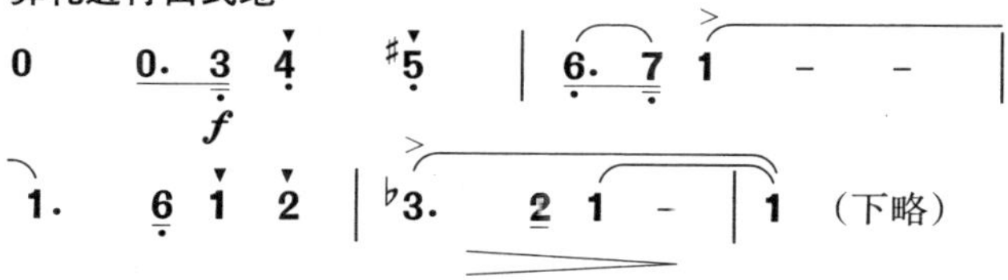

这是一首严峻、冷酷的葬礼进行曲，表现了人们遭受屠杀的残忍现实。接着奏出了哀伤的第二主题：

谱例 40

1＝C $\frac{4}{4}$

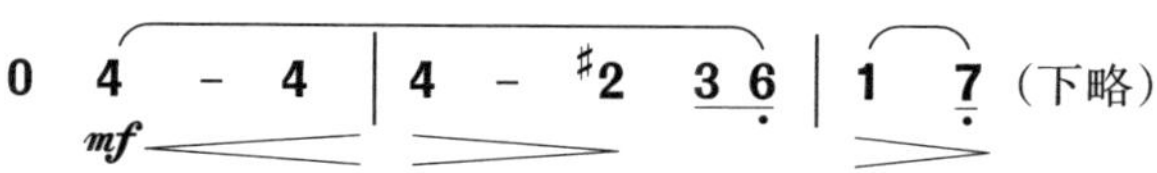

音乐像对依稀往事的回忆，又像在诉说着今天的痛苦。突然，天旋地转，音乐中出现了类似哀嚎、狂叫的音调，表现出内心的悲痛欲绝：

谱例 41

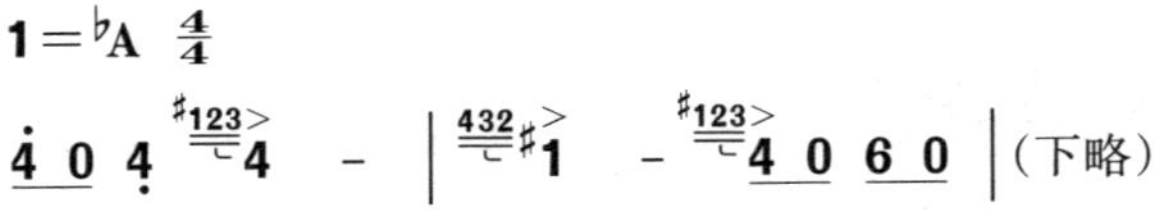

乐曲的第三主题具有与上述主题不同的性格，它温暖、明亮、抒情：

谱例 42

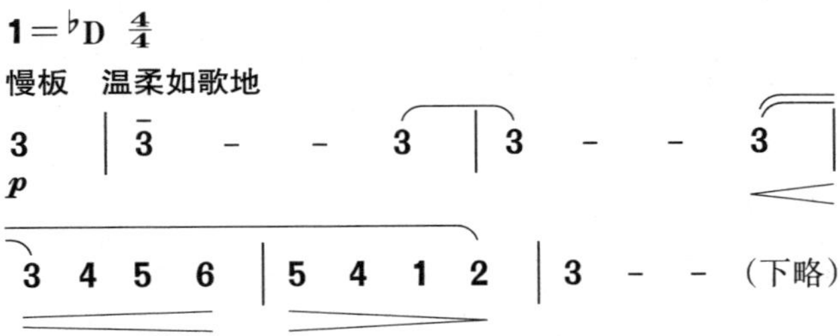

它仿佛表现对死者的无限怀念，又像是在告慰烈士们的在天之灵。之后，音乐的性质逐渐变得威武，法国号、木管、长号在定音鼓坚定的节奏伴随下，响起了进行曲的音调：

谱例 43

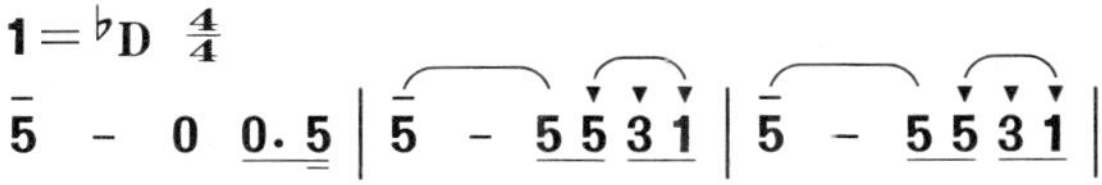

（下略）

这个曲调和《马赛曲》很相似。它像是在描绘着烈士们生前浴血沙场的壮举，又像表现人们正在踏着先烈的血迹前进。后来，这个进行曲的音调犹如军号一般响了起来，形成了振奋人心的音乐高潮。之后，噩耗般的第一主题又出现了，它把人们拉回到悲惨的现实中来。但是，人们不会永远甘心失败，于是，第一主题变得越来越明亮、有力，并和第三主题结合在一起形成又一个高潮，仿佛表现烈士们虽死犹生。他们的斗争精神，鼓舞着生者前进。

音乐的结束部分先出现第二主题，再出现第一主题，但它们已经变得很简略。似乎表现悲伤的人们已经声嘶力竭、欲哭无泪。突然，从远处传来了众赞歌合唱的音调，那是人们在祷告："安息吧！烈士们！"音乐就此结束。

李斯特在这部作品中，怀着深切的哀悼，描绘了当时革命失败给人们带来的感受，表现了被镇压的绝望和牺牲者的苦难。虽然在这部作品中存在着过分渲染痛苦和恐怖的缺点，但是，作为一部对革命事业倾注了无限同情，并直接地反映当时欧洲最重大的革命事件的大型音乐作品，在当时是不可多得、难能可贵的，应该给予肯定。

*　　*　　*

李斯特一生中对钢琴演奏、指挥、作曲、教学、音乐评论等方面，都做出了巨大的贡献。他生活在一个动荡的时代，思想上也存在着深刻的矛盾。但综观李斯特的一生，占主要地位的是对祖国、人民的深切热爱。在艺术上，他勇于创新，并直接用音乐来表现自己对现实生活的感受及对祖国、人民的热爱，他的音乐和匈牙利的民间音乐保持着密切的联系。因此，李斯特在 19 世纪上半叶欧洲音乐文化史上，占有重要地位。

三、作品目录①

① 引自《牛津音乐词典》（第六版）“李斯特”条目，人民音乐出版社 2023 年版，第 772—775 页。

轻歌剧：《唐桑切》（*Don Sanche*，1824～1825，同帕埃尔合作）。

交响曲：《浮士德交响曲》（*A Faust Symphony*，男高音、男声合唱与乐队，1854～1857；1880年修订）；《但丁交响曲》（*Dante Symphony*，1855～1856，其中最后一乐章有"圣母颂歌"合唱）。

交响诗：《山间所闻》［*Ce qu' on entend sur la montagne*，又名《山岳交响曲》（*Bergsymphonie*），1848～1849，拉夫配器；1850、1854年修订］；《塔索：悲伤与胜利》（*Tasso: lamento e trionfo*，1849，康拉迪配器；1850～1851年修订，修订版由拉夫配器；1854年再修订）；《前奏曲》（*Les Préludes*，1848；1854年之前修订）；《奥尔菲斯》（*Orpheus*，1853～1854）；《普罗米修斯》（*Prometheus*，1850，拉夫配器；1855年修订）；《马捷帕》（*Mazeppa*，以1840年的钢琴练习曲为基础，1851，与拉夫共同配器；1854年之前修订）；《节庆的声音》（*Festklänge*，1853）；《挽诗》（*Héroïde funèbre*，1849～1850，拉夫配器；1854年前后修订）；《匈牙利》

（*Hungaria*，1854）;《哈姆雷特》（*Hamlet*，1858）;《匈奴之战》（*Hunnenschlacht*，1856～1857）;《理想》（*Die Ideale*，1857）;《从摇篮到坟墓》（*Von der Wiege bis Zum Grabe*，1881～1882）。

管弦乐：《勒瑙的浮士德中的 2 个插段》[*2 Episodes from Lenau's Faust*，包括：1.《夜骑》（*Der Nächtliche Zug*）;2.《乡村旅店中的舞蹈》（*Der Tanz in der Dorfschenke*），即《梅菲斯托圆舞曲第一号》（*Mephisto Waltz No.1*，1861 年以前]；《梅菲斯托圆舞曲第二号》（*Mephisto Waltz No.2*，1880～1881）;《致敬进行曲》（*Huldigungsmarsch*，1853；1857 年修订，原为钢琴曲）;《3 首葬礼颂歌》[*3 Odes funèbres*，1860～1866，包括：《死亡》（*Les Morts*）;《夜晚》（*La Notte*）;《塔索的丧葬凯旋》（*Le triomphe funèbre du Tasse*）];《拉科齐进行曲》（*Rákóczy March*，1865）;《匈牙利狂想曲 6 首》（*6 Hungarian Rhapsodies*，与 F. 多普勒共同配器，创作年份不详，改编自钢琴独奏曲：管弦乐曲 No.1 改编自钢琴曲 No.14；管弦乐曲 No.2 改编自钢琴曲 No.12；管

弦乐曲 No.3 改编自钢琴曲 No.6；管弦乐曲 No.4 改编自钢琴曲 No.2；管弦乐曲 No.5 改编自钢琴曲 No.5；管弦乐曲 No.6 改编自钢琴曲 No.9 的第二版）。

钢琴与乐队：协奏曲（No.1，降 E 大调，1849，与拉夫合作完成，修订于 1853、1856 年；No.2，A 大调，1839，1849～1861 年修订）；《诅咒》（*Malédiction*，钢琴与弦乐队，1840 年左右）；《贝多芬〈雅典的废墟〉主题幻想曲》［*Fantasia on Themes from Beethoven's Ruins of Athens*，1852 年（?）］；《匈牙利民歌旋律幻想曲》［*Fantasia on Hungarian Folk Melodies*，又称《匈牙利幻想曲》（*Hungarian Fantasia*），1852 年（?），根据为钢琴独奏而作的 F 小调《匈牙利狂想曲》（*Hungarian Rhapsody*）No.14 创作］；《死之舞》（*Totentanz*，1849；1853、1859 年修订）；《西班牙狂想曲》（*Rapsodie espagnole*，1863 年左右，钢琴独奏，布索尼配器）。

宗教合唱：清唱剧《圣伊丽莎白逸事》（*Die Lengende von der heiligen Elisabeth*，女高音、高男高音、男高音、3 位男中音、男低音、合唱、管风琴与乐队，1857～1862)；清唱剧《基督》(*Christus*，女高音、高男高音、男高音、男中音、男低音、合唱、管风琴与乐队，1862～1867)；《阿西西的圣方济各圣歌》(*Cantico del Sol di S. Francesco d'Assisi*，男中音、男声合唱、管风琴与乐队，1862；1880～1881年修订)；《弥撒》(*Mass*，4个男声声部与管风琴，1848；1859年修订；1869年第二次修订)；《庄严弥撒》(*Missa solemnis*，女高音、高男高音、男高音、男低音、合唱与乐队，1855；1857～1858年修订)；《合唱弥撒》(*Missa Choralis*，合唱与管风琴，1865)；《匈牙利加冕弥撒》(*Hungarian Coronation Mass*，女高音、高男高音、男高音、男低音与乐队，1867)；《安魂曲》(*Requiem*，2位男高音、2位男低音、多个男声声部、管风琴与可选加的铜管乐器，1867～1868)；《诗篇13》(*Psalm 13*，男高音、合唱与乐队，1855；1859年修订)；《诗篇116》(*Psalm 116*，男声合唱与钢琴，1869)；《圣体颂》(*Ave verum corpus*，合唱与可选加的管风琴，1871)；《圣克里斯托弗》(*St Christopher*，男中音、女声合唱、钢琴与簧风琴，1874年以后）；《苦路》（*Via Crucis*，1878～1879）；《玫瑰经》（*Rosario*，1879）；《诗篇129》（*Psalm 129*，男中音、男声合唱与管风琴，1881）；《在这儿落泪》（*Qui seminant in lacrimis*，混声合唱与管风琴，1884）；《万福圣母》（*Salve Regina*，1885）。

世俗合唱：《第二贝多芬康塔塔》（*Second Beethoven Cantata*，女高音、高男高音、男高音、男低音、双合唱队与乐队，1869～1870）；《致艺术家》（*An die Künstler*，2位男高音、2位男低音、男声合唱与乐队，1853，拉夫配器；1853、1856年修订）；《根据赫尔德〈反抗的普罗米修斯〉创作的合唱》（*Choruses from Herder's Entfesseltem Prometheus*，女高音、高男高音、2位男高音、2位男低音、双合唱队与乐队，1850，拉夫配器；1855年修订）；康塔塔《匈牙利1848》（*Hungaria 1848*，女高音、男高音、男低音、男声合唱与乐队，1848，康拉迪配器）；12首《为男声创作的歌》（*Für Männergesang*，其中部分歌曲有伴奏，

1842～1859）。

室内乐：《被遗忘的罗曼斯》（*Romance oubliée*，钢琴四重奏，1880）；《忧伤的船歌》（*La lugubre gondola*，钢琴三重奏，1882，亦有钢琴独奏版）；《在里夏德·瓦格纳墓前》（*At Richard Wagner's Grave*，弦乐四重奏与竖琴，1883）。

钢琴：《12首练习形式的练习曲》（*Étude en 12 Exercices*，1826）；《24首大练习曲》（*24 Grandes Études*，1837）；《马捷帕》（*Mazeppa*，1840；1851年改编为管弦乐曲）；《6首根据帕格尼尼作品改编的超级练习曲》（*6 Études d'exécution transcendante d'après Paganini*，1838；1851年修订为《帕格尼尼大练习曲》）；《12首超级练习曲》（*12 Études d'exécution transcendante*，又称《超级练习曲》，1851）；《幽灵》（*Apparitions*，1834）；《旅行集》（*Album d'un voyageur*，3集，1835～1836）；《彼特拉克十四行诗3首》[*3 Sonetti di Petrarca*，1839（？）～1846]；《威尼斯和拿波里》（*Venezia e Napoli*，1840年前后；1859年修订）；《旅行岁月》[*Années* *de pèlerinage*，第一集《瑞士游记》（*'Switzerland'*），9 首，1848～1854，除 2 首外均以《旅行集》为基础；第二集《意大利游记》（*'Italy'*），7 首，1837～1849；第三集，7 首，1867～1877]；10 首《诗歌与宗教的和谐》（*Harmonies poétiques et réligieuses*，1845～1852）；《安慰曲 6 首》（*6 Consolations*，1849～1850）；《音乐会大独奏曲》[*Grosses Konzertsolo*，1849（?）；1855 年左右改编为双钢琴的《悲怆协奏曲》（*Concerto pathétique*）；1850 年（?）改编为钢琴与乐队的《音乐会大独奏曲》（*Grand Solo de Concert*）]；《爱之梦——夜曲 3 首》（*Liebesträume—3 Notturnos*，1850 年左右改编自歌曲）；《谐谑曲与进行曲》（*Scherzo und Marsch*，1851）；《B 小调奏鸣曲》（*Sonata in B minor*，1852～1853）；《致敬进行曲》（*Huldigungsmarsch*，1853；1853 年改编为管弦乐曲，1857 年修订）；《摇篮曲》（*Berceuse*，1854；1862 年修订）；《2 首音乐会练习曲》[*2 Concert Studies*，1862～1863（?），包括：《林中烟雾》（*Waldesrauschen*）；《侏儒的轮舞》（*Gnomenreigen*）]；

《传奇曲2首》[*2 Légendes*，1863，包括：《阿西西的圣方济各向鸟儿布道》（*St Francis of Assisi Preaching to the Birds*）；《保拉的圣方济各在水面上行走》（*St Francis of Paule Walking on the Waves*）]；前奏曲《"眼泪、叹息、颤抖、悲伤"》（*'Weinen, Klagen, Sorgen, Zagen'*，1859）；《西班牙狂想曲》（*Rapsodie espagnole*，1863年前后）；12首《圣诞树》（*Weihnachtsbaum*，1874～1876）；《愁云》（*Nuages Gris*，1881）；《忧伤的船歌》（*La lugubre gondola*，1882）；《R. W.—威尼斯》（*R. W.-Venezia*，1883）；《梅菲斯托圆舞曲第三号》（*Mephisto Waltz No.3*，1883）；《4首被遗忘的圆舞曲》[*4 Valses oubliées*，1881～1885（?）]；《死神恰尔达什》（*Csárdás macabre*，1881～1882）；《梅菲斯托圆舞曲第四号》（*Mephisto Waltz No.4*，1885）；《固执的恰尔达什》（*Csárdás obstiné*，1886）；《19首匈牙利狂想曲》[*19 Hungarian Rhapsodies*，1846～1885，见管弦乐列表，依次为：No.1，升C小调，1846；No.2，升C小调，1847；No.3，降B大调；No.4，降E大调；No.5

《哀歌—诗体书信》(*Heroïdeeélégiaque*), E 小调; No.6, 降 D 大调; No.7, D 小调; No.8, 升 F 小调; No.9, 降 E 大调, 第一版于 1848 年发表, 第二版于 1853 年发表; No.10, E 大调; No.11, A 小调; No.12, 升 C 小调; No.13, A 小调; No.14, F 小调; No.15《拉科齐进行曲》(*Rákóczy March*), 第一版于 1851 年发表, 第二版于 1871 年发表; No.16, A 小调, 1882 ; No.17, D 小调; No.18, 升 C 小调, 1885 ; No.19, D 小调, 1885]。

钢琴曲改编(李斯特以自己作品改编的钢琴曲不胜枚举,此处仅列举改编自他人的作品,由歌剧改编而来的钢琴曲见后一列表): J. S. 巴赫《G 小调幻想曲和赋格》[*Fantasia and Fague in G minor*, BWV542, 1863]; 贝多芬第五、第六、第七交响曲(1837)、其他 6 部交响曲(1863~1864)、七重奏(*Septet*, Op.20, 1841); 柏辽兹《幻想交响曲》(*Symphonie fantastique*, 1833 ; 1864~1865 年最后修订)、《哈罗尔德在意大利》(*Harold en Italie*, 1836 年左右; 1862 年修订)、《精灵的舞蹈》(*Danse *des Sylphes*，1860 年左右）；肖邦《波兰歌曲 6 首》（*6 Chants Polonais*，1847～1860）；门德尔松《歌曲 7 首》（*7 Lieder*，1840）；帕格尼尼《"钟"大幻想曲》[*Grand Fantasia de bravoure sur La Clochette*，取材于《B 小调小提琴协奏曲》（Op.7）中的"钟"（*La Campanella*），1831～1832；1838 年修改为《根据帕格尼尼作品改编的超级练习曲》（*Études d'exécution transcendante d'après Paganini*）中的第三首]；罗西尼《音乐晚会 12 首》（*12 Soirées Musicales*，1837）、《威廉·退尔序曲》（*Overture William Tell*，1838）；圣-桑《死之舞》（*Danse macabre*，1876）；舒伯特《歌曲 12 首》（*12 Lieder*，1837～1838）、《天鹅之歌》（*Schwanengesang*，1838～1839）、《冬之旅》（*Winterreise*，1839）；舒曼《献词》（*Widmung*，1848）。

由歌剧改编为钢琴曲：贝利尼《〈清教徒〉片断》（*Réminiscences des Puritains*，1836）、《上帝创世之六日》[*Hexaméron*，系《清教徒》（*I Puritains*）中进行曲的变奏，李斯特同塔尔贝格、皮克西斯、赫尔茨、车尔尼、肖邦合作改编，1837]、《歌剧〈梦游女〉有名动机的幻想曲》（*Fantaisie sur les motifs favoris de l'opéra La Sonnambula*，1839；1840～1841 年修订）、《〈诺尔玛〉片断》（*Réminiscences de Norma*，1841）；多尼采蒂《〈拉美莫尔的露西娅〉片断》（*Réminiscences de Lucia di Lammermoor*，1835～1836）、《〈卢克雷齐亚·博尔贾〉片断》（*Réminiscences de Lucrezia Borgia*，1840）；阿莱维《〈犹太女〉片断》（*Réminiscences de La Juive*，1835）；迈耶贝尔《歌剧〈胡格诺教徒〉主题大幻想曲》（*Grande Fantaisie sur des thèmes de l'opéra Les Huguenots*，1836）、《〈恶魔罗勃〉片断》（*Réminiscences de Robert le Diable*，1841）；莫扎特《〈唐璜〉片断》（*Réminiscences de Don Juan*，1841）；柴科夫斯基《〈叶甫盖尼·奥涅金〉中的波罗乃兹舞曲》（*Eugene Onegin: Polonaise*，1880）；威尔第《〈埃尔纳尼〉主题的音乐会改编曲》（*Concert Paraphrase on Themes from Ernani*，1847）、《〈游吟诗人〉中的〈求主怜悯歌〉》（*Miserere du*

Trovatore, 1859)、《〈弄臣〉音乐会改编曲》(*Rigoletto: paraphrase de concert*, 1859)、《〈唐卡洛斯〉的欢庆与葬礼进行曲合唱》(*Don Carlos: Coro di festa e marcia funebre*, 1867～1868)、《〈西蒙·波卡涅拉〉片断》(*Réminiscences de Simon Boccanegra*, 1882);瓦格纳《〈黎恩济〉主题幻想曲》(*Phantasiestück on themes from Rienzi*, 1859)、《〈汤豪舍〉序曲》(*Overture Tannhäuser*, 1848)、《〈罗恩格林〉的2个选段》(*2 Pieces from Lohengrin*, 1854)、《伊索尔德的爱之死》(*Isoldes Liebestod*, 1867)、《名歌手》(*Die Meistersinger*)中的《在寂静的地方》(*Am Stillen Herd*, 1871)、《〈帕西法尔〉中的圣杯庄严进行曲》(*Feierlicher Marsch zum heiligen Gral, Parsifal*, 1882);韦伯《〈魔弹射手〉主题幻想曲》(*Fantasia on Themes from Der Freischütz*, 1840)、《〈奥伯龙〉序曲》(*Overture Oberon*, 1843)、《〈魔弹射手〉序曲》(*Overture Der Freischütz*, 1846)。

管风琴:《以巴赫名字为主题的前奏曲与赋

格》（*Prelude and Fugue on the Name of Bach*, 1885；1870 年修订）；《安魂曲》（*Requiem*, 1879）；《在里夏德·瓦格纳墓前》（*At Richard Wagner's Grave*, 1883）。

歌曲（选列）：《彼特拉克十四行诗三首》（*Tre Sonetti di Petrarca*，1838～1839）；《罗蕾莱》（*Die Loreley*，采用海涅的诗，1841）；《迷娘之歌》（*Mignons Lied*，采用歌德的诗，1842）；《从前在极北之地有个国王》（*Es war ein König in Thule*，采用歌德的诗，1842）；《哦！当我睡时》（*Oh!quand je dors*，采用雨果的诗，1842）；《你好像一朵鲜花》（*Du bist Wie eine Blume*，采用海涅的诗，1843 年前后）；《火刑堆上的贞德》（*Jeanne d'Arc au bûcher*，采用大仲马的诗，1845；1858 年改编为人声与乐队；1874 年修订）；《在这里》（*En ces lieux*，采用莫尼耶的诗，1854）；《三个茨冈人》（*Die drei Zigeuner*，采用勒瑙的诗，1860）；《好日子别走开》（*Go not，happy day*，采用丁尼生的诗，1879）；《离别》（*Verlassen*，采用米歇尔的诗，1880）。

LISITE

图书在版编目（CIP）数据

李斯特 / 关伯基编著．-- 北京 ：人民音乐出版社，2023.5（2024.5重印）
（外国音乐欣赏丛书）
ISBN 978-7-103-06513-6

Ⅰ．①李… Ⅱ．①关… Ⅲ．①李斯特（Liszt，Franz 1811-1886）—生平事迹②李斯特（Liszt，Franz 1811-1886）—音乐评论
Ⅳ．① K835.155.76 ② J605.515

中国国家版本馆 CIP 数据核字（2023）第 055893 号

责任编辑：李亚芳　马圆瑞
责任校对：潘　藤
封面设计：王　华

人民音乐出版社出版发行
（北京市东城区朝阳门内大街甲 55 号　邮政编码：100010）
Http://www.rymusic.com.cn
E-mail:rmyy@rymusic.com.cn
新华书店北京发行所经销
北京隆昌伟业印刷有限公司印刷
880×1230 毫米　32 开　3.5 印张
2023 年 5 月北京第 1 版　2024 年 5 月北京第 2 次印刷
印数：3,001—3,500 册　定价：23.00 元

读者服务部联系电话：（010）58110591
如有缺页、倒装等质量问题，请与出版部联系调换。电话：（010）58110533